Viver em Lisboa

Século XVI

Viver em Lisboa

Século XVI

Lélio Luiz de Oliveira

Copyright© 2015 Lélio Luiz de Oliveira

Grafia atualizada segundo o Acordo Ortográfico da Língua Portuguesa de 1990, que entrou em vigor no Brasil em 2009.

Edição: Joana Monteleone/Haroldo Ceravolo Sereza

Editor assistente: João Paulo Putini

Projeto gráfico, capa e diagramação: Camila Hama

Revisão: Hélio Sanchez

Assistente de produção: Maiara Heleodoro dos Passos

Assistente acadêmica: Bruna Marques

Imagem da capa: Gravura – 1541 – Dim.: 345mm x 485mm – *nº Inventário:* MC.GRA.34 – Localização: Museu da Cidade de Lisboa – Exposição Permanente

Este livro foi publicado com o apoio da Fapesp

CIP-BRASIL. CATALOGAÇÃO NA PUBLICAÇÃO
SINDICATO NACIONAL DOS EDITORES DE LIVROS, RJ

O48v

Oliveira, Lélio Luiz de
VIVER EM LISBOA : SÉCULO XVI
Lélio Luiz de Oliveira. - 1. ed.
São Paulo: Alameda, 2015
124 p.; il.; 21 cm

Inclui bibliografia
ISBN 978-85-7939-312-9

1. Portugal - História - Séc. XVI. 2. Economia. I. Título.

15-19375

CDD: 946
CDU: 94(46)

ALAMEDA CASA EDITORIAL
Rua Conselheiro Ramalho, 694 – Bela Vista
CEP: 01325-000 – São Paulo, SP
Tel.: (11) 3012-2400
www.alamedaeditorial.com.br

Sumário

Proêmio 9

O cenário histórico 17

A população do Reino Português 27

A gente de Lisboa 45

Viver e sobreviver em Lisboa 59

As atribuições da Câmara da cidade e o 93
abastecimento dos viventes

Remate 105

Referências bibliográficas 109

LISTA DE TABELAS

Tabela 1   34
População de Portugal continental – 1527-1532

Tabela 2   36
Estimativa da entrada de escravos africanos em
Portugal – 1441 a 1505

Tabela 3   43
Viagens e viajantes da Carreira da Índia – Projeção
para 1500-1650

Tabela 4   50
Cidade de Lisboa – Povoamento – Núcleo Antigo
(por freguesias) – 1554

Tabela 5   51
Cidade de Lisboa – Povoamento – Baixa
(por freguesias) – 1554

Tabela 6   51
Cidade de Lisboa – Povoamento
– Núcleo Antigo e Baixa – 1554

Tabela 7   53
Contribuintes de Lisboa – 1565

Tabela 8   78
Ofícios relacionados com a alimentação e os
números de pessoas que ocupavam dos ofícios –
População masculina – 1551-1552

Tabela 9   79
Ofícios relacionados com a alimentação e os
números de pessoas que ocupavam dos ofícios –
População feminina –1551-1552

Tabela 10   101
Rendas da Câmara de Lisboa – Séc. XV e XVI

Tabela 11   103
Pesos adotados por D. Manuel I

Tabela 12   104
Medidas adotadas por D. Manuel I

LISTA DE GRÁFICOS

Gráfico 1   34
Habitantes das Comarcas de Portugal – 1527-1532

Gráfico 2   48
População de Lisboa – Séc. XII a XVI

Proêmio

$\mathcal{A}$ expansão marítima portuguesa, nos finais do século XV e durante o século XVI, promoveu a retroalimentação dos setores destinados ao abastecimento interno e ao fornecimento das exportações. Com isso as velhas forças tradicionais não foram destruídas, pelo contrário, foram beneficiadas pelas novas atividades econômicas oriundas do além-mar.[1]

No período tratado, a historiografia portuguesa tem privilegiado Portugal *porta afora*,[2] ou seja, os *descobrimentos* e a ação profícua dos portugueses no

---

1 O processo impactante da expansão portuguesa passa, aos olhos do historiador, pelo conceito de tempo histórico diluído em durações longas, conjunturais ou factuais, e pela predominância da análise no nível da "vida material – uma parte da vida dos homens, tão profundamente inventores [e aventureiros (frase nossa)] quanto rotineiros." BRAUDEL, Fernand. "História e Ciências Sociais". *Revista de História*, São Paulo, v. 30, n. 62, p. 261-94, abr./jun., 1965. *Idem. A dinâmica do capitalismo*. Trad. Álvaro Cabral. Rio de Janeiro: Rocco, 1987. p. 20. *Idem. Civilização material, economia e capitalismo, séculos XV-XVIII*. São Paulo: Martins Fontes, 1996. 3 v.

2 GARCEZ, Maria Helena Nery. O olhar épico no Portugal do século XVI. Revista da Cátedra Jaime Cortesão, São Paulo, USP-FFLCH, v. 20, n. 21 e 22, ano 4, jan./jun., 1955. Ver as obras de Jaime Cortesão.

Lélio Luiz de Oliveira

avanço das relações comerciais no tempo do chama-do *mercantilismo*[3] e o empenho na construção de uma economia mundial.[4] Diante disso, procura-se não propriamente inverter a análise, mas conhecer a história portuguesa *porta adentro*, especialmente na região de Lisboa, ponderando entre as transformações e permanências internas decorrentes das *Grandes Navegações*. Portando, parte-se do princípio de que o processo desencadeado (também) por Portugal não provocou somente modificações, mas, fortaleceu continuidades.[5]

As contradições evidenciadas no tempo e no espaço delimitado – século XVI – foram consideradas como próprias de um período transição.[6] Assim

---

3 DEYON, Pierre. *O mercantilismo*. São Paulo: Perspectiva, 1973. FALCON, Francisco J. C. *Mercantilismo e transição*. 9. ed. São Paulo: Brasiliense, 1988 (Coleção Tudo é História).

4 GODINHO, Vitorino Magalhães. *História econômica e social da expansão portuguesa*. Lisboa: Terra-Editora, 1947. GODINHO, Vitorino Magalhães. *Descobrimentos e a economia mundial*. 2. ed. Lisboa: Presença, 1981-1982. 3 v.

5 No confronto dialético entre a "transformação progressiva" – em muitos casos destruidora das antigas estruturas – e "a implacável tragédia da permanência histórica" – senhora do "hábito – [ou] melhor, [d]a rotina – [...] [dos] gestos herdados, acumulados a esmo, repetidos infinitamente, [...] [que] remontam ao mais fundo dos tempos." MAYER, Arno J. *A força da tradição: permanência no Antigo Regime, 1848-1914*. São Paulo: Companhia das Letras, 1987. BRAUDEL, Fernand. *A dinâmica do capitalismo*. Trad. Álvaro Cabral. Rio de Janeiro: Rocco, 1987, p. 20. Ver também: REIS, José Carlos. *Escola dos Annales. A inovação em História*. São Paulo: Paz e Terra, 2000. *Idem. Nouvelle histoire e tempo histórico. A contribuição de Febvre, Bloch e Braudel*. São Paulo: Ática, 1994.

6 Não há aqui um posicionamento propriamente contra, mas, no decorrer deste trabalho questiona-se a imutabilidade na história, ou a proximidade dela, impregnada em alguns trabalhos de Emmanuel

Viver em Lisboa

sendo, deve-se levar em conta os esclarecimentos de Vitorino Magalhães GODINHO:

> Ora, se vários círculos sociais-culturais permanece[ram], ainda no século XVI e depois, apegados à recusa da mudança, conferindo ao adjectivo 'novo' ou ao substantivo "novidade" sentido pejorativo, outros, [...] lançar[am-se] na aventura de mudar de viver e da busca dessas 'novas novidades' em que o adjectivo, pleonástico, reforça vigorosamente o substantivo. O Estado e a sociedade [foram] levados a medir, a contar e mesmo a calcular, e assim o número, a mentalidade quantitativa vai impregnando, pelas finanças públicas, pela contabilidade dos mercados, pelo quotidiano dos preços e salários em época de 'revolução dos preços', as relações humanas. Mas não é só pela medida que os homens configuram a sua acção em função da realidade: é pela precisão descritiva e narrativa, pela observação verificada, que pouco a pouco se estabelece[ram] critérios para distinguir o impossível do possível, o fantástico do que realmente é. *Transformar[ram-se], em complexidade contraditória, motivações e idéias, da cruzada à mercancia, da honra*

LE ROY LADURIE, "que chamou a atenção para a 'história imóvel' e ofereceu uma interpretação geral para o período que vai do século XI ao XIX, situado entre dois intervalos de inovação e expansão [...]", e de Jacques LE GOFF que "argumentou com base nas continuidades da economia, invocadas por Armando Sapori e ignoradas pelo clássico de J. Burckhardt." LE ROY LADURIE, Emmanuel. L´historie immobile. Annales, E.S.C., 29, 1974. p. 673-682. SOUZA, Laura de Mello e. Idade Média e Época Moderna: fronteiras e problemas. Signun, Revista da Abrem, Associação Brasileira de Estudos Medievais. n. 7, 2005, p. 223 e 225. LE GOFF, Jacques. Uma longa Idade Média. Rio de Janeiro: Civilização Brasileira, 2008.

nobre à verdade burguesa. A produção e a circulação dos bens multiplicar[ram-se], mudar[aram] algumas das formas graças às inovações técnicas, o mercado à escala do globo torn[ou-se] o vector dominante da evolução econômica [...]. Forma[ram-se], em conexão com os descobrimentos e conquistas ultramarinas, o Estado burocrático e centralizado de matriz mercantilista.[...] (grifo nosso).[7]

E mais,

[O reino português] lançou-se ao descobrimento do globo, e com sua gesta de navegador e caminheiro assentou os alicerces do capitalismo mercantil e da modernidade, mas depois recusou essa civilização para cuja gênese contribuíra poderosamente, e deixou arrastar enleado numa estrutura de antigo regime."[8]

Assim sendo, ao reconhecer as contradições empreendidas pela sociedade portuguesa, mergulhada num mundo em plena transição, segundo as afirmações de Joaquim Antero Romero MAGALHÃES *"há uma falta de conhecimentos sobre a evolução da terra portuguesa através dos séculos que tende a adiar indefinidamente a construção de uma História de Portugal."*[9]

---

7   GODINHO, Vitorino Magalhães. "Inovação e permanências nos séculos XV e XVI entre mito e utopia". In: _____. *Mito e mercadoria, utopia e prática de navegar, séculos XIII-XVIII.* Lisboa: Difel, 1990, p. 60-1.

8   Prefácio. "Os novos problemas: para a História de Portugal e Brasil". In: CHAVES, Maria Adelaide Godinho Arala. *Formas de pensamento em Portugal no século XV. Esboço de análise a partir de representações nas fontes literárias.* Lisboa: Livros Horizonte, s.d.. p. 7.

9   MAGALHÃES, Joaquim Antero Romero. *Algarve econômico durante o século XVI – 1600-1773.* Lisboa: Cosmos, 1970, p. 13.

Diante do exposto, nosso contributo é analisar o cotidiano econômico da população de Lisboa e seus arredores, no século XVI, priorizando a gente trabalhadora que atendia ao abastecimento interno da cidade em crescimento populacional e impactada pelas grandes navegações.

Visando atingir o objetivo proposto, a princípio, parte-se de uma breve contextualização histórica, centrando-se a seguir no reino português, com prioridade para a cidade Lisboa, enfatizando as décadas finais do século XV e grande parte do século XVI, quando aconteceram os grandes embates entre as transformações e as continuidades socioeconômicas, refletindo diretamente no cotidiano dos indivíduos.

Optou-se por conhecer a estrutura populacional de Portugal, focando a análise na cidade de Lisboa. O passo seguinte foi desvendar as necessidades de abastecimento da população e os produtos transacionados. Conjuntamente, foram conhecidos os trabalhadores vinculados ao abastecimento, bem como seus ofícios e sua rotina. Por fim, verificou-se a atuação da Câmara Municipal quanto às regulamentações e impostos que interferiam na produção e abastecimento das pessoas.

Quanto à bibliografia, demos prioridade para aquela relacionada à História de Portugal voltada para dentro, ou seja, o processo histórico ocorrido no *interior* do reino, e que necessariamente tinha maiores vínculos com os nossos objetivos. Desta feita, a historiografia do período sobre os descobrimentos, como era de se esperar, foi utilizada em menor escala. A documentação que serviu de suporte a este relatório foi consultada Na Torre do Tombo e na Biblioteca Nacional em Lisboa; no Real Gabinete Português de Leitura no Rio de Janeiro; na Cátedra Jaime Cortesão e na Biblioteca da FFLCH-USP em São Paulo.

O cenário histórico

As balizas temporais – décadas finais do século XV e grande parte do século XVI – encontram-se no período de transição entre Idade Média e a Idade Moderna, na Europa ocidental.[1] Os enfoques dados sobre o período ora dão maior peso às transformações promovidas visando compreender as origens do capitalismo,[2] ora demonstram com vigor as permanências medievais que adentraram a modernidade, procurando suprimir periodizações tradicionais, estendendo, por assim dizer, a Idade Média.[3]

---

[1] Um equívoco metodológico é supor que "todos os países, [ou] diferentes regiões evoluíram em paralelo, pelo menos no mesmo sentido, com mais ou menos atraso, o que é redondamente falso; por outro lado, mudanças que se nos podem afigurar de somenos quando remontamos das Revoluções Industriais e da Revolução Francesa para trás, adquirem relevo e longo alcance quando as focamos a partir do século XIV." Ver: GODINHO, Vitorino Magalhães. "Inovação e permanências nos séculos XV e XVI entre mito e utopia". In: _____. *Mito e mercadoria, utopia e prática de navegar, séculos XIII-XVIII*. Lisboa: Difel, 1990, p. 60.

[2] VILAR, Pierre. "A transição do feudalismo para o capitalismo". In: SANTIAGO, Theo (org.). *Do feudalismo ao capitalismo. Uma discussão histórica*. 9. ed. São Paulo: Contexto, 2003 (Coleção Textos e Documentos; 2), p. 37-48.

[3] LE GOFF, Jacques. *Uma longa Idade Média*. Rio de Janeiro: Civilização Brasileira, 2008.

Sobre a *transição* aconteceu um debate profícuo promovido no sentido de desvendar as origens do capitalismo bem como reconhecer as suas crises. O debate caminhou em direção aos fatores *internos* e *externos* que teriam derrotado o feudalismo e fundado as bases do capitalismo.[4]

Essa transição,[5] como período intermediário entre o feudalismo e o capitalismo, sintetizado em muitos casos como a época mercantilista,[6] pode ser caracterizada pela convivência entre as transforma-

---

4   Maurice DOBB acredita que esses fatores "podem ser encontrados no 'interior' da própria economia feudal". Teria sido "a ineficiência do feudalismo como sistema de produção, somada às crescentes necessidades de receitas por parte da classe dominante, a responsável principal pelo seu declínio; uma vez que essa necessidade de receitas adicionais provocou um aumento na pressão sobre o produtor até um ponto em que ela se tornou literalmente intolerável." DOBB, Maurice. *A evolução do capitalismo*. Trad. Manuel do Rego Braga. São Paulo: Abril Cultural, 1983, p. 42. Por sua vez, Paul SWEEZY, sem descartar os "fatores internos", dá destaque ao comércio internacional – "fator externo" ao sistema – como a principal força propulsora do declínio do feudalismo e do avanço do capitalismo mercantil. SWEEZY, Paul. "Uma crítica". In: sweezey, Paul et al. *A transição do feudalismo para o capitalismo*. Rio de Janeiro: Paz e Terra, 1977 (Pensamento Crítico; 18), p. 33-66. Ver também: MARIUTTI, Eduardo Barros. *Balanço do debate: a transição do feudalismo ao capitalismo*. São Paulo: Hucitec, 2004.

5   Não é nossa intenção enumerar os autores que participam e participaram o extenso debate e sim contextualizar o período que selecionamos para elaborar nossa pesquisa sobre Portugal.

6   "Talvez a primeira observação válida a respeito do mercantilismo seja a de que, a rigor, ele nunca existiu, tratando-se bem mais de um mito, como afirma Pierre Deyon, cuja criação é historicamente posterior ao objeto cuja existência tenta delimitar." Ver: FALCON, Francisco. *Mercantilismo e transição*. 9. ed. São Paulo: Brasiliense, 1988, p. 7-8.

çoes e permanências nos seus diversos aspectos como o econômico, o social, o político e o ideológico.[7]

A sobreposição temporal é outro viés que tanto explica o período em questão. Para tanto recorro a Fernand BRAUDEL:

> Imaginemos, portanto, a enorme e múltipla extensão que representam, para uma dada região, todos os mercados elementares que ela possui, ou seja, uma nuvem de pontos, para débitos freqüentemente medíocres. Por essas múltiplas bocas principia o que chamamos a economia de troca, situada entre a produção, enorme domínio, e o consumo, um domínio igualmente enorme. Nos séculos do 'Ancien Régime', entre 1400 e 1800, ainda se trata de uma economia de troca muito imperfeita. Sem dúvida, por suas origens, perde-se na noite dos tempos mas não chega a unir toda a produção a todo o consumo, perdendo-se uma enorme parte da produção no autoconsumo, da família ou da aldeia, pelo que não entra no circuito do mercado. Devidamente considerada essa imperfeição, subsiste o fato de que a 'economia de mercado' está em processo, de que liga suficientemente burgos e cidades para já começar a organizar a produção, a orientar e a controlar o consumo. Serão precisos séculos, sem dúvida, mas entre esses dois universos – a produção, onde tudo nasce, o consumo onde tudo se destrói – a economia de mercado é a ligação, o motor, a zona estreita mas viva donde jorram as incitações, as forças vivas, as novidades, as iniciativas,

---

7 Idem.

as múltiplas tomadas de consciência, os crescimentos e mesmo o progresso.[8]

Por outro lado, outros como LE ROY LADURIE e LE GOFF subjulgam as transformações através do peso enorme das permanências, trazendo à tona uma "'longa Idade Média' [que] é a do cristianismo dominante, um cristianismo que é, ao mesmo tempo, religião e ideologia, que estabelece, pois, uma relação muito complexa com o mundo feudal, contestando-o e justificando-o ao mesmo tempo".[9]

Ora, *nem tanto ao mar, nem tanto à terra.*

Portugal, no tempo dos descobrimentos, se observado como um todo, vivia uma nítida sobreposição temporal. O mundo rural ainda era o alicerce da vida da maioria das pessoas, cadenciado pelo *"ritmo denso e monótono das tarefas do campo".* Em contrapartida, as grandes navegações, tendo Lisboa como centro dinâmico, impregnaram ao pequeno reino peninsular o tempo diligente do mercado.[10] Tanto isso é possível que *"o valor da produção interna talvez fosse umas oito*

---

8 BRAUDEL, Fernando. *A dinâmica do capitalismo.* Rio de Janeiro: Rocco, 1987, p. 20.

9 LE GOFF, Jacques. "Pour um long Moyen Age" *apud* SOUZA, Laura de Mello e. "Idade Média e Época Moderna: fronteiras e problemas". *Signun, Revista da Abrem,* Associação Brasileira de Estudos Medievais. n. 7, 2005, p. 225.

10 GODINHO, Vitorino Magalhães. Prefácio. "Os novos problemas: para a História de Portugal e Brasil". In: CHAVES, Maria Adelaide Godinho Arala. *Formas de pensamento em Portugal no século XV. Esboço de análise a partir de representações nas fontes literárias.* Lisboa: Livros Horizonte, s.d.. p. 7-28.

Viver em Lisboa

a dez vezes superior ao do comércio ultramarino, não obstante a coroa cobrar mais receitas de tipo fiscal do comércio do além-mar e das transcções intra-européias."[11] (destaque nosso).

> As instituições feudais, todavia, por muito ameaçadas e penetradas que estivessem, continuavam a resistir. O país feudal coexistia com o país moderno e é difícil dizer até que ponto predominava ou até que ponto se tornara minoritário. Mesmo quando se via obrigado a ceder perante as inovações, refugiava-se na ficção e no disfarce dos conceitos. Estado feudal e Estado Moderno iriam coexistir por muito tempo, dificultando e tornando complexas quaisquer análises e definições.[12]

Nos séculos xv e xvi os portugueses embrenharam mar adentro, com objetivos definidos – comercializar e evangelizar[13] – redesenhando os espaços e mantendo vários contatos com sociedades imaginadas ou não.[14] Os empreendimentos foram

---

11 CASTRO, Armando. *Teoria do sistema feudal e transição para o capitalismo em Portugal*. Lisboa: Caminho, 1987, p. 59.

12 MARQUES, A. H. de Oliveira. *História de Portugal*. Lisboa: Presença, s.d., p. 149.

13 SANTOS, João Marinho dos. "A expansão pela espada e pela cruz". In: NOVAES, Adauto (org.). *A descoberta do homem e do mundo*. São Paulo: Companhia das Letras, 1998, p. 7-28.

14 PINTO, João Rocha. *O vento, o ferro e a muralha*. In: CHANDEIGNE, Michel; ARAÚJO, Carlos (dir.). *Lisboa e os descobrimentos, 1415-1580: a invenção do mundo pelos portugueses*. Lisboa: Terramar, 1990, p. 223-9. KRUS, Luís. "O imaginário português e os medos do mar". In: NOVAES, Adauto (org.). *A descoberta do homem e do mundo*. São Paulo: Companhia das Letras, 1998, p. 95-105.

sustentados pela conjuntura mercantil favorável,[15] pelas atitudes da monarquia em fase de centralização[16] e suas novas formas de normatização[17] e condução do reino.[18] Foi o tempo da somatória das atitudes inovadoras *porta afora* – descobrimentos – e das acomodações das *bases internas*. Conjuntamente, na medida em que se fundavam os pilares da centralização monárquica tornou-se possível forjar e implementar os planos da expansão ultramarina, e dinamizar de forma gradativa as bases produtivas, movidas pelo crescimento populacional.

Os portugueses, nesse processo, impactaram povos e terras. Em contrapartida, absorveram gradualmente as culturas de fora,[19] controladas por certos filtros – leia-se, a burocracia do rei e a Igreja católica. Lisboa, por concentrar grande parte dos contatos com mundo externo ao reino, filtrava as novidades controlando os interesses locais, ir-

---

15 SWEEZY, Paul Marlor *et al. A transição do feudalismo para o capitalismo*. 3. ed. Rio de Janeiro: Paz e Terraz, 1983. CASTRO, Armando. *Teoria do sistema feudal e transição para o capitalismo em Portugal*. Lisboa: Caminho, 1987.

16 DIAS, Manuel Nunes. *O capitalismo monárquico português (1415-1549). Contribuição para o estudo das origens do capitalismo moderno*. Coimbra, 1963. 2v.

17 HESPANHA, António Manuel. *História das instituições: épocas medieval e moderna*. Coimbra: Almedina, 1982.

18 ALENCASTRO, Luiz Felipe. "A economia política dos descobrimentos". In: NOVAES, Adauto (org.). *A descoberta do homem e do mundo*. São Paulo: Companhia das Letras, 1998, p. 193-208.

19 BARRETO, Luís Filipe. "O orientalismo conquista Portugal". In: NOVAES, Adauto (org.). *A descoberta do homem e do mundo*. São Paulo: Companhia das Letras, 1998, p. 273-291.

Viver em Lisboa

radiava os conhecimentos e fomentava a produção interna visando atender as necessidades do mundo mercantil. A acomodação dos interesses e absorção do mundo externo pelos portugueses foi morosa, sabendo-se que o lugar das tradições e dos costumes estava bem aquinhoado no âmago daquela sociedade.[20] Quem transitava entre o *velho* e o *novo*, dentro de parâmetros definidos, eram os humanistas, os religiosos, a corte e os mercadores.[21] Os demais grupos sociais, nas cidades maiores como Lisboa e Porto, eram parcialmente movidos e absorvidos pelos novos tempos sem grande consciência do processo. Mais distantes ficavam aqueles homens situados no interior do reino onde os impactos dos descobrimentos foram residuais.

---

20 ELLIOT, J. H. *O velho mundo e o novo, 1491-1650*. Tradução: Maria Lucília Filipe. Lisboa: Editorial Querco Ltda, 1984. SOUZA, Laura de Mello e. "Os novos mundos e o velho mundo: confrontos e inter-relações". In: PRADO, Maria Lígia Coelho; VIDAL, Diana Gonçalves (orgs.) *À margem dos 500 anos: reflexões irreverentes*. São Paulo: Edusp, 2002 (Estante USP; Brasil 500 anos; 7), p. 151-69. PEREIRA, Fernando António Baptista. "Atitudes e mentalidades. Algumas reflexões". In: MOITA, Irisalva. *Lisboa quinhentista. A imagem e a vida da cidade*. Lisboa: Direcção dos Serviços Culturais da Câmara Municipal de Lisboa, s/d., p. 23-29.

21 CARVALHO, Joaquim Barradas de. *O Renascimento português*. Lisboa: Imprensa Nacional; Casa da Moeda, 1980. MARTINS, José V. de Pina. "Descobrimentos portugueses e renascimento europeu". In: NOVAES, Adauto (org.). *A descoberta do homem e do mundo*. São Paulo: Companhia das Letras, 1998, p. 179-192. BELLINI, Lígia. *Notas sobre cultura, política e sociedade no mundo português do século XVI*. Tempo, Rio de Janeiro: UFF, v. 4, n. 7, 1999.

A população do Reino Português

No tempo dos Grandes Descobrimentos, as razões para sair de Portugal e ganhar o mundo já são supostamente conhecidas: são os interesses mercantis – da coroa, da burguesia em fase de amadurecimento, da nobreza ávida de novos privilégios e aprendendo as práticas dos negócios, da igreja desejosa do seu quinhão e até a aventura do enriquecimento fácil. Cabe questionar as razões para permanecer em terra – no velho reino – restabelecer cotidianamente a rotina e não se deixar atrair pelo mundo das mudanças. Para tanto é preciso desvendar, na medida do possível, quem eram esses portugueses, especialmente as suas profissões, seus afazeres. *Na esteira de Braudel, comecemos pela base, isto é, pelas gentes – a demografia.*[1]

---

1 Frase de NOVAIS, Fernando Antônio. "Condições da privacidade na Colônia". In: _____. (coord.). *História da vida privada no Brasil. Cotidiano e vida privada na América portuguesa.* São Paulo: Companhia das Letras, v. 1, p. 17. Sobre os atuais levantamentos demográficos de Lisboa, ver: CÂMARA MUNICIPAL DE LISBOA. Sector de Demografia Histórica e História Social do Gabinete de Estudos Olisponeneses. Disponível em: <http://geo.cm-lisboa.pt/index.php?id=4263.>

Se há descrições sobre a quantidade da população portuguesa, bem como das suas características, na transição entre os chamados períodos medieval e moderno, decorrem da crescente mudança de mentalidade dos homens daquele tempo, principalmente aqueles à frente das instituições e os dedicados ao comércio de vários portes. O trato com os números passou a ser uma exigência do tempo do mercantilismo, mesmo sendo uma habilidade que não atingia a todos. O mundo do "mais ou menos"[2] convivia com a *contabilidade*. "[A] mentalidade quantitativista, [...] se processa[va] basicamente por dois tipos de razões: o desenvolvimento da economia de mercado e a construção do Estado moderno".[3] Por volta de 1550 quantificar pessoas era um modo de controlar com maior eficiência os tradicionais subordinados (com laços de dependência pessoal) e estabelecer critérios sobre valores de impostos e decisões políticas.[4]

> No século XVI, o Poder aparece freqüentemente ligado ao número de vassalos existente. Assim, a abundância populacional foi durante muito tempo associada ao primeiro, num período em que

---

2   FEBVRE, Lucien. "O homem do século XVI". *Revista de História*, São Paulo-USP, 11 (5) jul./set. 1952, p. 3-17.

3   Cf. GODINHO, Vitorino Magalhães. *Os descobrimentos e a economia mundial.* Lisboa: Presença, 1981-1983, p. 35-5. Citado por: RODRIGUES, Teresa Ferreira. "As estruturas populacionais". In: MATTOSO, José (dir.). *História de Portugal. No Alvorecer da Modernidade (1480-1620).* Lisboa: Editorial Estampa, s/d., p. 197.

4   Disponível em: <http://geo-cm-lisboa.pt/index.php?id=4263.>. Acesso em: 16 jan. 2008.

Viver em Lisboa

mesmo a guerra só podia ser feita à custa da utilização maciça de efectivos e a tributação adquirira um forte pendor capitativo. A regularidade com que os dois factores apareciam ligados foi entendida pelos grupos dirigentes e cabalmente assimilada. Por seu turno, a expansão ultramarina era considerada responsável pela falta de gente e surgia como causa primeira dos problemas enfrentados no Reino. Esta temática esteve na base de um certo sentimento de "decadência" seiscentista, que perdurou durante séculos.[5]

No final do período medieval e início do moderno, o crescimento populacional do Reino português, grosso modo, acompanhou o mesmo movimento acontecido na Europa ocidental.[6]

Até perto de final de Quinhentos, o crescimento demográfico do reino de Portugal terá continuado de forma moderada, mas constante, apesar de diversas crises de mortalidade, de origem frumentária e epidémica, e da permanente necessidade de gentes para os domínios ultramarinos. Lisboa continuou a ser o pólo de maior crescimento, mais do

---

5   RODRIGUES, Teresa Ferreira. "As estruturas populacionais". In: MATTOSO, José (dir.). *História de Portugal. No Alvorecer da Modernidade (1480-1620)*. Lisboa: Editorial Estampa, s/d., p. 198. (A autora Teresa Rodrigues baseou-se em HESPANHA, António Manuel. *As vésperas do Leviathan. Instituições e poder político em Portugal. Século XVII*. Lisboa: Universidade Nova de Lisboa, 1986).

6   GODINHO, Vitorino Magalhães. *Os descobrimentos e a economia mundial*. Lisboa: Presença, 1981-1983. Para comparação ver: Emmanuel Le Roy LADURIE. *História dos camponeses franceses. Da Peste Negra à Revolução*. Tradução Marcos de Castro. Rio de Janeiro: Civilização Brasileira, 2007. v. I e II.

Lélio Luiz de Oliveira

que duplicando a sua população entre o início do século XVI e as primeiras décadas do século XVII, acentuando-se um crescente fenómeno de assimetria regional na distribuição da população entre o interior e o litoral.[7]

Em relação à população portuguesa, até as décadas finais da centúria de Quatrocentos, devido a falta de censos abrangentes para o período (ou a falta de análise pormenorizada e/ou cruzamento da documentação produzida nas paróquias), estima-se que na época o reino possuía em torno de 1 milhão de pessoas.[8] Sabe-se que no tempo de D. Afonso V, por volta de 1480, tentou-se quantificar os habitantes. Porém, devido aos temores das pessoas ao supor que resultaria no alistamento para uma guerra os objetivos não foram atingidos.[9]

Ao adentrar o século XVI – 1530 – o número salta para 1.377.000 habitantes,[10] o que confirma

---

7 PAULO, Eulália; GUINOTTE, Paulo. *Problemas de recrutamento para as armadas das Carreiras das Índias*. Publicado em Actas do VII Colóquio de História Militar – O Recrutamento Militar em Portugal, Lisboa: Comissão Portuguesa de História Militar, 1996, p. 45-70. Disponível em: <http://nautarch.tamu.edu/shiplab/01guifrulopes/Pguinotemilit96. htm>. Acesso em: 16 jan. 2009. Sobre as crises de mortalidade os autores citam: RODRIGUES, Teresa. *As Crises de Mortalidade em Lisboa, Séculos XVI e XVII*. Lisboa: Livros Horizonte, 1990.

8 SERRÃO, Joaquim Veríssimo. *História de Portugal: o século de ouro (1495-1580)*. Lisboa: Verbo, 1978, p. 218.

9 RODRIGUES, Teresa Ferreira. "As estruturas populacionais". In: MATTOSO, José (dir.). *História de Portugal. No Alvorecer da Modernidade (1480-1620)*. Lisboa: Editorial Estampa, s/d., p. 197-211.

10 "A população do Reino oscilava, pois, nos finais do primeiro quartel do século XVI, entre 1 milhão e 1 milhão e 200 mil, com mais forte

Viver em Lisboa

a tendência de crescimento pelo menos até meados do mesmo século (se somarmos o afluxo de escravos). Sendo a população assim distribuída: dois quintos situados Entre Doutro e Minho e Nordeste da Beira. Ao sul do rio Tejo incluindo o Algarve a população era mais rarefeita – um quinto do todo. Lisboa e arredores aparecem como centro dinâmico e de povoamento denso[11] (ver Tabela 1, Gráfico 1).

> [...] De facto, Lisboa com os seus cerca de 17.000 moradores, é seguida de longe por Santarém e Coimbra, a primeira com 5.375 fogos, a segunda com 4.570. Não existiam espaços intermediários e a capital mantinha-se isolada nas suas grandes dimensões. Pelo contrário, nos concelhos nortenhos a distribuição é, apesar de tudo, mais regular. O do Porto contaria então 13.122 moradores, o de Barcelos 9.018 e Guimarães 4.958.[12]

As afirmações podem ser mais consistentes depois do "[...] *cadastro geral do País* [*que*] *apenas se encontra no tempo de D. João III. Em julho de 1527, receberam os corregedores das províncias ordem para apurar o número de habitantes das cidades, vilas e lugares de cada 'correiçom', de modo a cobrir-se as áreas urbanas e rurais* [...]".[13]

---

certeza para este número [...]." SERRÃO, Joaquim Veríssimo. *História de Portugal: o século de ouro (1495-1580)*. Lisboa: Verbo, 1978, p. 221.

11 RODRIGUES, Teresa Ferreira. "As estruturas populacionais". In: MATTOSO, José (dir.). *História de Portugal. No Alvorecer da Modernidade (1480-1620)*. Lisboa: Editorial Estampa, s/d., p. 197-211

12 *Idem.*

13 SERRÃO, Joaquim Veríssimo. *História de Portugal: o século de ouro (1495-1580)*. Lisboa: Verbo, 1978, p. 219.

Tabela 1
População de Portugal Continental – 1527-1532

Comarcas	Moradores	Habitantes (coef. 4,5)	Habitantes (coef. 5)
Entre Douro e Minho	55.010	247.545	275.050
Trás-os-Montes	35.587	160.141	177.935
Beira	66.804	300.618	334.020
Estremadura	65.421	294.395	327.105
Entre Tejo e Odiana	48.796	219.582	243.980
Algarve	8.797	39.586	43.985
Total	280.415	1.261.867	1.402.075

Fonte: PAULO, Eulália; GUINOTTE, Paulo. *Problemas de recrutamento para as armadas das Carreiras das Índias*. Publicado em Actas do VII Colóquio de História Militar – O Recrutamento Militar em Portugal, Lisboa: Comissão Portuguesa de História Militar, 1996, p. 45-70. Disponível em: <http://nautarch.tamu.edu/shiplab/01guifrulopes/Pguinotemilit96.htm>. Acesso em: 16 jan. 2009. Obs.: Dados adaptados a partir de RODRIGUES, Teresa Ferreira. "As estruturas populacionais". In: MATTOSO, José (Dir.). *História de Portugal. No Alvorecer da Modernidade (1480-1620)*. Lisboa: Editorial Estampa, s/d., p. 197-241.

Gráfico 1

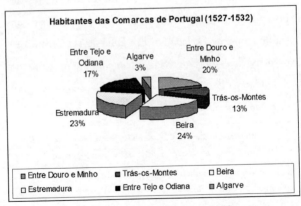

Fonte: Dados adaptados de RODRIGUES (s.d.), p. 197-241. (Ver Tabela acima).

Viver em Lisboa

De meados do século XV até a virada do XVI, provavelmente, já tinham aportado em Portugal de 140.000 a 150.000 escravos africanos.[14] Isso decorrente do processo de conhecimento e reconhecimento dos novos lugares através das viagens, quando portugueses exerciam os saques, os escambos e o comércio (Ver Tabela 2).

> [...] o Sul transariano [forneceu] a mais cobiçada de todas as mercadorias: os escravos. Começa[ram] por vir das Canárias, metodicamente esvaziadas dos guanchos, a sua população natura; em número de 80.000 no início do século XIV, fic[aram] reduzidos a cerca de 30.000 durante a segunda metade do século XV. Esses escravos, a que se junt[aram] negros e azenegues capturados durante razias e viagens de reconhecimento nas costas da Mauritânia, povoar[am] a Madeira e, sobretudo, o arquipélago de Açores, desabitado nesse tempo. Em 1448, a abertura da feitoria de Arguim permit[iu] satisfazer as crescentes necessidades de mão-de-obra para as plantações de cana-de-açúcar das ilhas. Entre 1443 e 1448, foram aí capturados 970 escravos. E, a partir de 1456, foram enviados anualmente para Portugal cerca de 1.000 cativos."[15]

---

14 GODINHO, Vitorino Magalhães. *Os descobrimentos e a economia mundial.* Lisboa: Presença, 1981-1983.

15 COUTO, Dejanirah. *História de Lisboa.* Lisboa: Difel, 2003, p. 120-1.

Tabela 2
Estimativa da entrada de escravos africanos em Portugal – 1441 a 1505

1441 a 1448	Do período predatório na região do cabo Branco até o estabelecimento da feitoria de Argum	1.000 a 2.000
1448 a 1450	Do início dos resgates com caráter comercial, em Arguim, até ao arrendamento do tráfico a particulares	1.500 a 2.000
1450 a 1550	Do período de arrendamento dos resgates, por Arguim, à volta do monopólio, com ampliação do tráfico para o interior (considerada a média geral anual de 700 a 800 cabeças)	38.500 a 44.000
1450 a 1460	Período inicial do trato na região do Senegal, à média de 400 a 500 peças por ano	4.000 a 5.000
1460 a 1470	Período de pleno funcionamento dos resgates ao sul do Senegal, com o dobro do rendimento, ou seja, 800 a 1.000 peças por ano	8.000 a 10.000
1470 a 1475	Período do contrato de Fernão Gomes, com aumento da média para 1.000 a 1.200 peças por ano	10.000 a 12.000
1475 a 1495	Período de maior grandeza do tráfico em toda a costa, calculado por Duarte Pacheco num total de 3.500 peças por ano (expeptuada a exportação por Arguim, computada à parte)	54.000 a 56.000
1495 a 1505	Período de queda do tráfico após a morte de D. João II (média estimada de 2.500 peças por ano, exceptuada por Arguim, computada à parte)	19.000 a 20.000
Totais		136.000 a 151.000

Fonte: TINHORÃO, José Ramos Tinhorão. *Os negros em Portugal. Uma presença silenciosa.* Lisboa: Editorial Caminho, 1988, p. 80. A estimativa toma por base os mesmos períodos propostos por Vitorino Magalhães Godinho, na obra *Os descobrimentos e a Economia Mundial.*

Há grandes controvérsias sobre o número de negros africanos, escravos ou não, que viviam em Lisboa no século XVI. Questiona-se a porcentagem, porém, há certo acordo quando se afirma que o componente era numeroso, "[...] *pois 'Lisboa es madre de negros', como opina o escriba que acompanhou o misterioso viajante que a si próprio se alcunhou de 'El Pelegrino'*".[16] Filipo SASSETTI,[17] provavelmente, superestima a população de negros a um quinto da cidade, contudo, muitos dos historiadores portugueses concordam mais com os números apresentados na *Estatística de Lisboa de 1552* e corroborados por Cristóvão Rodrigues de OLIVEIRA.[18]

> [as negras andavam] carregadas com quartas de água (levarão uns quatro cântaros d`ella), que ellas vão tirar com muita ordem a uns chafarizes que por ahi correm. Ainda há três ou quatro mil almas d`essa gentalha; tão certo é dizer-se ser Lisboa mãe da negraria. Andam por ali vendendo 'cutido', que assim dizem a moda da sua terra, ameijoas muito maiores que as de Hespanha, arroz cozido, e outras coisas, que a turba devora, e de que há um trafego certo e sabido.[19]

---

16 MOITA, Irisalva. *A Imagem e a vida da cidade. In: Lisboa quinhentista. A imagem e a vida da cidade*. Lisboa: Direcção dos Serviço Culturais da Câmara Municipal de Lisboa, s/d., p. 18.

17 SASSETTI, Filipo. *Lettere edite e inedite di Filippo Sassetti*. Firenze: F. Le Monnier, 1855.

18 *Lisboa em 1551*, Sumário. Lisboa: Livros Horizonte, 1987.

19 CASTILHO, Júlio de. *A Ribeira de Lisboa: descripção histórica da margem do Tejo desde a Madre-de-Deus até Santos-o-Velho*. 1893, p. 59. O autor utiliza como fonte a obra El Pelegrino curioso y grandezas de

Lélio Luiz de Oliveira

Se há discordâncias sobre a porcentagem da população negra de Lisboa, há concordâncias quanto às péssimas condições de vida, conforme os relatos, a seguir:

> [O escravo de costume era] tratado como animal de carga, a quem tudo se pede e nada exige em troca [...]; [eram vistos, rotineiramente, em grande número] atravessarem a praia, ajoujados sob enormes cântaros cheios de água ou curvarem-se sob o peso de enormes sacos de carvão [...]; [e mesmo por ocasião da morte] [...] não tinham o direito a serem enterrados nos adros das igrejas. Antes de 1515 eram lançados no monturo da Porta de Santa Catarina ou atirados para as herdades dos arredores, onde eram comidos pelos cães.[20]

Por parte da Igreja católica, surgiram tentativas de amenizar as condições degradantes do escravo negro dando suporte ao estabelecimento de confrarias em algumas igrejas que integrassem esse contingente, pelo menos em atos religiosos recorrentes como as procissões. Vale lembrar a Confraria de Nossa Senhora do Rosário de Homens Pretos cuja origem remonta o século XVI. Mas, se, naquele tempo, a participação do escravo negro parecia irreversível para mundo português, as formas de in-

---

Espana, de Bartholomé de Villalba y Pascual de Gayangos, publicado por Sociedad de Bibliófilos Españoles, 1889.

20 MOITA, Irisalva. "A Imagem e a vida da cidade". In: *Lisboa quinhentista. A imagem e a vida da cidade*. Lisboa: Direcção dos Serviço Culturais da Câmara Municipal de Lisboa, s/d., p. 18.

serção, minimamente amenizadas pela Igreja, eram, via de regra, através do trabalho desumano que, gradativamente, desonerava o peso da sobrevivência do branco de posses (o *alfacinha* – lisboeta). Tanto que os escravos, além dos serviços *prestados, "eram vendidos, trocados, deixados em herança, servindo, muitas vezes, como moeda de troca.*[21] Atitude que causava estranheza aos contemporâneos.

Deve-se considerar, dentro desse contexto, a população de judeus residentes no reino. No final do século xv, aproximadamente 30.000 judeus viviam em Portugal, principalmente nos centros urbanos – as judarias – destacando Lisboa, Évora, Porto e Santarém. População esta que foi sobressaltada pelo "édito de expulsão dos judeus castelhanos em 1492", fazendo com isso triplicar a comunidade em Portugal.[22] Diante disso, D. Manuel I tenta se equilibrar entre os acordos com os reis católicos de Espanha visando a expulsão dos judeus e as tentativas de mantê-los no reino como cristãos convertidos. Acaba expulsando a comunidade judaica em dezembro de 1496, contudo, "em maio do ano seguinte, em plena altura do êxodo, D. Manuel I promulg[ou] um

---

21 MOITA, Irisalva. *A Imagem e a vida da cidade. In: Lisboa quinhentista. A imagem e a vida da cidade.* Lisboa: Direcção dos Serviço Culturais da Câmara Municipal de Lisboa, s/d., p. 18.

22 TAVARES, María José Ferro. Linhas de força da história dos judeus em Portugal, das origens à actualidade. Espacio, Tiempo y Forma, Série III, t. 6, 1993, p. 447-474. Disponível em: <http://e-spacio.uned.es/fez/eserv.php?pid=bibliuned:ETFC38B6FDA-BE62-58E1-58CD-64190406155C&dslD=PDF> Acesso em 15 nov 2008.

édito de protecção aos cristãos-novos, no qual promete não fazer qualquer inquirição a crenças e práticas religiosas nos próximos 20 anos. Era esta a primeira medida para fomentar a conversão".[23]

Não raro, então, foi a convivência de grupos sociais ou etnias diferentes no espaço urbano devido a permanência de parte dos *judeus transformados* em *cristãos novos*, pelo resquício dos mouros desde o fim da *Reconquista*, da chegada de levas de estrangeiros, incluindo os escravos negros africanos.[24]

> Depois de integrada a população de origem judia, pela expulsão de uns e a forçada elevação à condição de cristãos novos dos restantes, extinta a Mouraria de Lisboa e encontrando-se já inteiramente assimilada a população "mourisca" que a Reconquista tinha fixado nos arredores da cidade, a população local já se encontrava suficientemente caldeada para não oferecer resistência a novos contactos e cruzamentos, abrindo-se, naturalmente, sem atender a preconceitos rácicos de cor, ou de costumes,

---

23 "No dia 19 de abril, um caprichoso raio de luz, do astro rei ou de um candelabro, dava o mote a um milagre – sempre tão desejados em alturas de crise – que alguém, quem sabe um judeu, ou não, desvalorizou", resultado, umas 4.000 pessoas morreram, era o grande massacre de 1506. MATEUS, Susana Bastos; PINTO, Paulo Mendes. *Lisboa, o massacre de 1506: reflexões em torno de um edifício de intolerância.* Disponível em: <http://www.catedra-alberto-benveniste. org/fich/15/guiao_1506.doc> Acesso em: 15 nov 2008.

24 TAVARES, Maria José Pimenta Ferro. *Os judeus em Portugal no século XV.* 1. ed. Lisboa: Instituto Nacional de Investigação Científica, 1982. v. 1. p. 62-74. NOVINSKY, Anita. *Inquisição.* São Paulo: Brasiliense, 1985 (Coleção Tudo é História).

Viver em Lisboa

às novas gentes, das mais diversas origens, que os Descobrimentos despejaram nas suas praias.[25]

Cabe salientar, frente à diversidade populacional, a presença de ciganos que começaram a chegar à Península Ibérica justamente no período que tratamos:

"Originários da Índia, atingiram a pouco e pouco os mais remotos extremos da Europa. Depois de terem atravessado Castela, alguns grupos entraram em Portugal na segunda metade do século XV. Nômades e adestrados em toda a casta de actividades irregulares ou proibidas (roubo, engano, feitiçaria etc.), suscitaram em 1526 uma proibição oficial ao seu ingresso, que se renovou vezes sem conto mais jamais conduziu ao resultado desejado. Ignora-se o seu número."[26]

Em contrapartida, até meados do século XVI, a edificação do império impôs a imigração para o Brasil, África e Oriente, de mais ou menos 40.000 homens com objetivo de assegurar o funcionamento da burocracia, das relações econômicas, das guarnições e da efetiva ocupação de lugares estratégicos. Sabe-

---

25 MOITA, Irisalva. "A imagem e a vida da cidade". In: Lisboa quinhentista. A imagem e a vida da cidade. Lisboa: Direcção dos Serviço Culturais da Câmara Municipal de Lisboa, s/d., p. 15.

26 MARQUES, A. H. de Oliveira; DIAS, João José Alves. *A população portuguesa nos séculos XV e XVI*. Coimbra, 1994, p. 187-196. Os autores utilizam como fonte: COELHO, Adolfo. *Os ciganos em Portugal*. Lisboa, 1892; BRAGA, Isabel Drumond. *Para o estudo da minoria cigana no Portugal Quinhentista*. Bragança, 1992.

se, também, que parte dos imigrantes regressava. No mesmo período, Portugal, por sua vez, recebia mão de obra qualificada de outros reinos ou principados. Os emigrantes, pelo menos nesse momento de considerável crescimento demográfico, não despovoaram Portugal. Mesmo porque não era um contingente que promovesse desequilíbrios populacionais de grande impacto[27] (Tabela 3).

A *Expansão Ultramarina* promoveu, comprovadamente, incentivos para uma parcela da população deixar o reino português.[28] Um mundo novo a ser desvendado, riquezas inexploradas, cargos de poder a serem ocupados, populações a serem evangelizadas, são fatores que favoreceram a emigração.[29]

Por outro lado, as incertezas do ultramar pesavam nas decisões dos lusitanos. *"Apesar da fome e da violência serem constantes no cotidiano dos desocupados*

---

27 RODRIGUES, Teresa Ferreira. "As estruturas populacionais". In: MATTOSO, José (dir.). *História de Portugal. No Alvorecer da Modernidade (1480-1620)*. Lisboa: Editorial Estampa, s/d., p. 197-211.

28 RICUPERO, Rodrigo Monteferrante. *Honras e mercês: poder e patrimônio nos primórdios do Brasil*. Tese (doutorado) – FFLCH-USP, São Paulo, 2005. SILVA, Maria Beatriz Nizza da. *Ser nobre na colônia*. São Paulo: Unesp, 2005.

29 GODINHO, Vitorino Magalhães. *Descobrimentos e a economia mundial*. Lisboa: Arcádia, 1963; RODRIGUES, Teresa Ferreira. "As estruturas populacionais. A mobilidade demográfica. A imigração". In: MATTOSO, Joel (dir.). *História de Portugal*. Editorial Estampa, s/d., v. 3, p. 235. SERRÃO, Joel (dir.). "Emigração". In: *Dicionário de História de Portugal*. Porto: Livraria Figueirinhas, s/d., v. 2, p. 364.; ARRUDA, José Jobson. "Prismas da História de Portugal". Prefácio. In: *História de Portugal*. 2. ed. Rev. E ampl., Bauru: Edusc; São Paulo: Unesp; Portugal: Instituto Camões, 2001, p. 15.

da metrópole, a vida a bordo das caravelas, além de extremamente perigosa, não constituía atrativo nem oferecia qualquer tipo de compensação", tanto que de forma recorrente *"a Coroa procurava suprir [a carência de marinheiros] com recrutamentos de condenados a justiça, oferecendo perdão pelos crimes cometidos [...]"*.[30]

Tabela 3
Viagens e Viajantes da Carreira da Índia – Projeção para 1500-1650

Período	1500 1525	1526 1575	1576 1625	1626 1650	Total
A. Partidas	310	311	312	100	1033
1 - Pessoas Embarcadas	46.500	77.750	124.800	25.000	274.050
2 - Homens	41.850	69.975	112.320	22.500	246.645
3 - Média Anual	1.788	1.555	2.496	1.000	1.815
4 - Média (Homens)	1.609	1.400	2.246	900	1.634
B. Regressos	151	201	136	40	528
5 - Pessoas Embarcadas	22.650	50.250	54.400	10.000	137.300
6 - Homens	20.385	45.225	48.960	9.000	123.570
7 - Média Anual	871	1.005	1.088	400	909
8 - Média (Homens)	784	905	979	360	818
C. Saldo (1 - 5)	23.850	27.500	70.400	15.000	136.750
(2 - 6)	21.465	24.750	63.360	13.500	123.075
(3 - 7)	917	550	1.408	600	906
(4 - 8)	825	495	1.267	540	816

Fonte: PAULO, Eulália; GUINOTTE, Paulo. *Problemas de recrutamento para as armadas das Carreiras das Índias.* Publicado em Actas do VII Colóquio de História Militar – O Recrutamento Militar em Portugal, Lisboa: Comissão Portuguesa de História Militar, 1996, p. 45-70. Disponível em: <http://nautarch.tamu.edu/shiplab/01guifrulopes/Pguinotemilit96.htm>. Acesso em: 16 jan. 2009.

---

30 RAMOS, Fábio Pestana. *No tempo das especiarias. O império da pimenta e do açúcar.* São Paulo: Contexto, 2004, p. 36.

Não era fácil deixar para trás heranças solidamente construídas, advindas de um tempo distante com raízes profundas, corroboradas pelos laços de parentesco, apegos religiosos costumes arraigados à sobrevivência cotidiana (menos incerta). As tradições, na maioria dos casos, venciam o ímpeto para a aventura. E mais, a *expansão* desencadeou não somente o processo emigratório – sabendo-se que uma pequena parcela dos habitantes foi atraída diretamente para o ultramar (Tabela 3) –, mas também o inverso, a imigração de diversos contingentes para Portugal e principalmente para Lisboa. Conforme *Frédéric Mauro*,[31] *"com os descobrimentos e a expansão comercial, Lisboa passou a ser um centro, ao mesmo tempo, de atração e pessoas e de fornecimento de emigrantes."*

As análises quantitativas realizadas dão conta de que a população do reino de Portugal teve crescimento considerável durante o século XVI, tendo como característica o fato de permanecer "um tanto rarefeita e distribuída de forma não eqüitativa". "Vastas áreas permanec[eram] desertas, sobretudo nas comarcas que se estendiam para sul, onde era nítido o predomínio de um povoamento concentrado em vidades e vilas de consideráveis dimensões, a que sucediam amplos espaços despovoados". Desta forma, Lisboa e arredores tornaram-se uma área destoante[32] a ser apreciada em separado.

---

31 MAURO, Frédéric. *Portugal, o Brasil e o Atlântico, 1570-1670*. Lisboa: Editorial Estampa, 1989.

32 RODRIGUES, Teresa Ferreira. "As estruturas populacionais". In: MATTOSO, José (dir.). *História de Portugal. No Alvorecer da Modernidade (1480-1620)*. Lisboa: Editorial Estampa, s/d. p. 197-211.

A gente de Lisboa

$\mathcal{L}$isboa[1] por ter centralizado em grande medida o comércio internacional português, em expansão no período das grandes navegações, passou a ser mais quantificada, refletindo nos registros sobre a população. Por volta de 1527, a cidade tinha aproximadamente 65.000 habitantes, já em 1551 contava-se em torno de 100.000 pessoas – uma macrocefalia, nos dizeres de Vitoriano Magalhães GODINHO[2] –, sendo que em 1590 atingiria 120.000.[3] Parte dessa população, difícil de precisar, já era de escravos oriun-

---

1 "em termos demográficos, não será exagero pensar que os 5.000 habitantes de meados do século XII se terão transformado em 14.000 em finais do século XIII, em 35.000 em finais do XIV. De facto, tanto em termos de área como de população, em termos europeus, Lisboa [era] ainda uma cidade média [...], mas comparando-a com as demais cidades portuguesas, [era] enorme." TORGA, Miguel. In: D'INTINO, Raffaela; RÚBIO, José. *Lisboa subterrânea. Museu Nacional de Arqueologia.* Lisboa: Instituto Camões, Expo 1998.

2 *Os novos problemas para a História de Portugal e Brasil.* In: CHAVES, Maria Adelaide Godinho Arala. Prefácio. *Formas de pensamento em Portugal no século XV. Esboço de análise a partir de representações de paisagem nas fontes literárias.* Lisboa: Livros Horizonte, s.d., p. 17.

3 COELHO, António Borges. *Quadros para uma viagem a Portugal no século XVI.* Lisboa: Editorial Caminho, 1986. p. 39-44.

dos das investidas dos portugueses pelo continente africano.[4] A população era equivalente às de Veneza ou Amsterdam. Para se ter uma ideia, outras duas cidades importantes do reino como Porto e Coimbra possuíam, em 1620, entre 15.000 e 20.000 habitantes.[5]

Gráfico 2

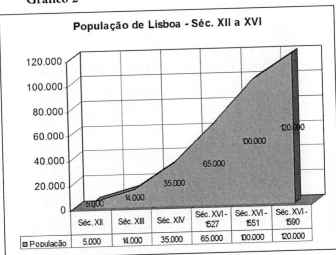

Fonte: COELHO (1986); DIAS (1998); GODINHO (1981-3); OLIVEIRA (1987); RODRIGUES (1990).

4　TINHORÃO, José Ramos. *Os negros em Portugal. Uma presença silenciosa*. Lisboa: Editorial Caminho, 1988 (Colecção Universitária, 31).

5　RODRIGUES, Teresa Ferreira. "As estruturas populacionais". In: MATTOSO, José (dir.). *História de Portugal. No Alvorecer da Modernidade (1480-1620)*. Lisboa: Editorial Estampa, s/d., p. 197-211. DIAS, João José Alves. "A população. As realidades demográficas". In: SERRÃO, Joel; MARQUES, A. H. de OLIVEIRA (dir.). *Nova História de Portugal. Do Renascimento à crise dinástica*. Lisboa: Presença Editorial, 1998. p. 11-52.

Antônio Borges COELHO,[6] sustentado nos dados de Cristóvão Rodrigues de OLIVEIRA,[7] identificou a população lisboeta, distribuída por *freguesias*, em meados do século XVI (Tabelas 4 a 6). Pela distribuição da população percebe-se que na *Baixa* foi o lugar onde passou a viver a maioria das pessoas, devido ao contato com a zona portuária e o estabelecimento das novas instituições que se fizeram necessárias devido o avanço comercial. O movimento foi descrito por Irisalva MOITA:

> A pouco e pouco, acompanhando o movimento comercial que cada vez [a cidade] se torna mais dependente do rio [Tejo], os centros administrativos mais directamente ligados ao movimento marítimo, a Alfândega, a Casa de Ver-o-Peso, a Portagem, o Paço do Trigo, foram-se fixando na parte baixa, de encontro aos limites da Muralha da Ribeira, próximo da Rua Nova e da Torre da Escrivaninha que constituía o vértice sudoeste da antiga Cerca Moura, arrastando consigo os mais importantes centros vitais da cidade.[8]

---

6   COELHO, Antônio Borges. *Lisboa. Quadros para uma viagem a Portugal no século XVI*. Lisboa: Caminho, 1986.

7   OLIVEIRA, Cristóvão Rodrigues de. *Lisboa em 1551, Sumário*. Lisboa: Livros Horizonte, 1987.

8   MOITA, Irisalva. "A imagem e a vida da cidade". In: *Lisboa quinhentista. A imagem e a vida da cidade*. Lisboa: Direcção dos Serviço Culturais da Câmara Municipal de Lisboa, s/d., p. 9.

Tabela 4
Cidade de Lisboa
Povoamento – Núcleo Antigo (por frequesias) – 1554

Freguesias	Vizinhos (fogos)	Nº de Almas	Nº médio de almas p/ fogo
Sé	718	6.187	8,61
São João da Praça	278	1.557	5,60
São Pedro	340	1.539	4,52
São Miguel	515	2.859	5,55
Santa Marinha	111	488	4,39
Salvador	200	782	3,91
Santo André	75	336	4,48
São Tomé	149	887	5,95
Santiago	59	861	14,59
São Martinho	42	172	4,09
São Jorge	77	507	6,58
São Bartolomeu	91	596	6,54
Santa Cruz da Alcáçova	237	1.176	4,96
São Mamede	144	1.010	7,01
São Cristóvão	353	1.687	4,78
São Lourenço	100	526	5,26
Santo Estêvão	954	5.314	5,57
São Vicente de Fora	389	1.711	4,39
Total	4.832	28.195	5,83

Fonte: COELHO, António Borges. *Quadros para uma viagem a portugal no século XVI*. p. 40.

Viver em Lisboa

Tabela 5

Cidade de Lisboa

Povoamento – Baixa – (por frequesias) – 1554

Freguesias	Vizinhos (fogos)	Nº de Almas	Nº médio de almas p/ fogo
São Julião	1.957	13.680	6,99
Madalena	1.440	9.671	6,71
São Nicolau	2.101	10.775	5,12
Santa Justa	3.400	16.557	4,86
Mártires	2.552	12.435	4,87
Loreto	1.748	8.679	4,96
Total	13.198	71.797	5,44

Fonte: COELHO, António Borges. _Quadros para uma viagem a portugal no século XVI._ p. 41.

Tabela 6

Cidade de Lisboa

Povoamento – Núcleo Antigo e Baixa – 1554

Regiões	N. Vizinhos	% Vizinhos	N. Almas	% Almas	N. Vizinhos Total	% Almas Total
Núcleo Antigo	4.832	26,79	28.195	28,19	33.027	27,98
Baixa	13.198	73,21	71.797	71,80	84.995	72,02
Total	18.030	100,00	99.992	100,00	118.022	100,00

Fonte: COELHO, António Borges. _Quadros para uma viagem a Portugal no século XVI._ p. 40-1.

O _Núcleo Antigo_ possuía 4.832 fogos (26,79%) e neles habitavam 28.195 indivíduos (28,19%). Sabendo-se que a média do número de moradores por fogo era de aproximadamente 5,83. No chamado _Núcleo Antigo_ a Freguesia da Sé possuía o maior número de fogos (718) e de pessoas (6.187), com uma média de 8,61 habitantes por fogo. Uma das maiores médias, perdendo somente para a Freguesia de Santiago, que destoa das demais, com 14,59 pessoas por fogo (Tabela 4).

No *Núcleo Novo*, denominado *Baixa*, que passou a se concentrar o *"nervo econômico e político da cidade"*,[9] era constituído de 73,21% (13.198) dos fogos, onde vivia 73,80% (71.797) das pessoas. A média de moradores por fogo de 5,44 era semelhante ao *Núcleo Antigo* (Tabela 5).

Conforme COELHO (Ver Tabela 7):

> Os números de [do ano] 1.565 nomeiam os chefes de família contribuintes mas não incluem mulheres, os filhos, os netos, os dependentes desses contribuintes, os colectivos das casas de malta e uma longa lista de privilegiados: os clérigos e frades, os fidalgos, os altos funcionários, os doutores, os licenciados, os moedeiros, os bombardeiros, os cavaleiros com cavalo e armas e ainda, na base da escala social, os escravos cativos.[10]

---

9 COELHO, António Borges. *Lisboa. Quadros para uma viagem a Portugal no século XVI*. Lisboa: Caminho, 1986, p. 41.

10 COELHO, António Borges. *Rua e Gentes na Lisboa Quinhentista*. Lisboa: Caminho, 2006, p. 26.

Viver em Lisboa

Tabela 7 – Contribuintes de Lisboa – 1565

Freguesias	Homens	Mulheres	Total	Mais de 100 mil réis	Mais de 1 conto de réis	Menos de 10 mil réis (%)
Santa Cruz	102	110	212	11		72,0
São Bartolomeu	35	68	103	2		78,6
São Tiago	39	38	77	7		74,0
São Jorge	15	19	34	2		70,6
São Martinho	16	14	30	3	1	66,7
São João da Praça	133	62	195	5	1	66,7
Sé	344	147	491	47	6	61,3
Madalena	880	291	1171	209	36	46,3
São Julião	1327	328	1655	220	33	52,4
São Nicolau	1259	497	1756	152	28	63,3
Santa Justa	1971	1185	3156	159	26	70,0
São Lourenço	44	48	92	2		68,4
São Mamede	65	26	91	10	5	64,8
São Cristóvão	146	143	289	9	4	72,0
Santo André	28	52	80	2	1	80,0
Santa Marinha	41	72	113	4		80,0
São Tomé	62	103	165	4	3	80,0
Salvador	76	83	159	15		75,4
São Pedro	197	84	281	18	2	60,4
São Miguel	337	148	485	46		59,0
São Vicente	226	179	405	24	3	72,3
Santo Estevão	779	303	1082	110	10	58,0
Mártires	786	294	1080	114	18	53,8
Santa Catarina	434	386	820	65	13	52,9
Loreto	674	361	1035	123	8	63,3
Total	10.016	5.041	15.057	1.363	198	

Fonte: "A tabela tem na sua base o número de habitantes por freguesia, fornecidos por Cristóvão Rodrigues de Oliveira no seu livro *Lisboa em 1551, Sumário*, Livros Horizonte, 1987; e a avaliação do valor dos bens individuais feita pelos cobrados do fisco, constante do *Livro de Lançamento e Serviço que a Cidade de Lisboa fez El-Rei Nosso Senhor no Ano de 1565*, 4 vols., Lisboa, Câmara Municipal, 1947/1948." In: COELHO, António Borges. *Rua e Gentes na Lisboa Quinhentista*. Lisboa: Caminho, 2006, p. 27.

Concomitante ao crescimento da cidade de Lisboa diversificou-se os profissionais lá instalados, como uma porção deles descrita por Alfredo SARAMAGO:

> Na grande cidade viviam ricos, pobres, comerciantes, navegantes, mesteirais, mercadores, corretores, fidalgos da corte, fidalgos arruinados, biscoiteiros, meirinhos, forneiros, douradores, ourives, pedintes, tangedores de tecla, tecelões, enfermeiras, mestras que ensina[vam] lavores, moças de soldada, alfaiates, soldados, sirgueiros, dentistas saca-molas, atafoneiros, albibebes [...], tabeliães, burgueses em formação, judeus e cristãos-novos [...], novos ricos ligados ao comércio do ultramar, os 'indiáticos', físicos, boticários, capitães de navios, bruxos, frades e freiras, padres, bispos de cabidos [...], missionários, aventureiros, jesuítas, comandantes de armada, tocadores, cirurgiões, Arrais, professores, regateiras, músicos, carregadores, catraeiros, funcionários da alfândela, índios, negros e mouriscos, escravos, funcionários do Rei e da corte, arruaceiros, contratadores, intermediários, amanuenses, solicitadores, padeiros, sapateiros, alfaiates, tosadores, confeiteiros, calciteiros, 'caixeiros' [...].[11]

O trânsito de pessoas pelo reino não ia somente em direção a Lisboa. A busca de melhor sobrevivência favorecia as migrações internas. A gradativa centralização do poder monárquico, o rearranjo ad-

---

11 SARAMAGO, Alfredo. "Lisboa da expansão". In: _____. *Para uma História da alimentação de Lisboa e seu termo*. Lisboa: Assírio & Alvim, 2004, p. 82-3.

Viver em Lisboa

ministrativo[12] e os impulsos mercantis moviam as pessoas. Predominavam os deslocamentos da população masculina. As mudanças aconteciam, em grande medida, para localidades próximas.[13]

Por outro lado, de fora para dentro do reino o fluxo de pessoas era constante, na medida em que já rivalizava com Gênova e Veneza, quando os ventos do mundo comercial viravam para o Atlântico.

> Lisboa convocava gente de todos os lados [...], [como exemplo:] cambistas, representantes dos senhores financeiros da Europa, funcionários das casas bancárias alemãs como os Welser, os Imhoff e os Fugger, baneiros de Carlos V, de empresas italianas como a Affaidit, de Florença, mercadores italianos como Lucas Girardo e o milanês João Baptista Rovelasco senhores de uma quinta em Alcântara onde plantou cana-de açúcar [...], peregrinos [...], homens da Flandres e de Espanha [...], gente de Ceuta, da Madeira, dos Açores, de Arzila, da Guiné e da Serra Leoa, de Mombaça e de Calecute, cartógrafos, cosmógrafos, cronistas, geógrafos, marinheiros, espiões, latinistas [...], 'filhos dos senhores da Etiópia', negros de várias

---

12 DIAS, João José Alves; BRAGA, Isabel M. R. Mendes Drumond; BRAGA, Paulo Drumond. "A conjuntura". In: SERRÃO, Joel; MARQUES, A. H. de Oliveira (dir.). *Nova História de Portugal. Portugal do Renascimento à Crise Dinástica*. Lisboa: Editorial Presença, 1999, v. 5, p. 689-760.

13 RODRIGUES, Teresa Ferreira. "As estruturas populacionais". In: MATTOSO, José (dir.). *História de Portugal. No Alvorecer da Modernidade (1480-1620)*. Lisboa: Editorial Estampa, s/d., p. 197-211.

cores: acobreados, pretos e anegrados, gente do Oriente e mercadores de escravos.[14]

Joel SERRÃO cita Camões ao comentar sobre a imigração para Lisboa – *"a cidade de muitas gentes"* –, no período por ele denominado "Século de ouro" (1415-1580):

A vida diplomática, o comércio internacional e o intercâmbio cultural e religioso sempre tinham contribuído para a passagem ou fixação de estrangeiros em Portugal. Para o século XV há notícias de embaixadores e agentes régios, de mercadores e figuras da igreja que se ligaram temporária ou definitivamente ao [nosso] país. Com o século XVI veio a alargar-se esse quadro social: por um lado, graças à criação ou surto de actividades profissionais, como a tipografia, a ourivesaria e a relojoaria; por outro lado, pela 'vinda' de mestres estrangeiros para o ensino nos colégios e universidades; enfim, pelo alargamento do comércio ultramarino [...].[15]

O crescimento populacional empreendido em Lisboa deve ser considerado vertiginoso, desde os finais do século XV até o início do XVII, mesmo se levarmos em conta as *Crises de Mortalidade* ocorridas no termo. Ressalte-se a virulência das crises acontecidas em 1569, 1580 e 1599. Ocorrências que têm

---

14 SARAMAGO, Alfredo. "Lisboa da expansão". In: _____. *Para uma história da alimentação de Lisboa e seu Termo*. Lisboa: Assírio & Alvim, 2004, p. 81-3.

15 SERRÃO, Joaquim Veríssimo. *História de Portugal: o século de ouro (1495-1580)*. Lisboa: Verbo, 1978, p. 275.

Viver em Lisboa

certa coincidência com os períodos em que Lisboa estava em processo de crescimento populacional e que muito provavelmente foi freado pelo aumento da mortalidade.[16]

> Pouco a pouco, a peste vai-se tornando circunscrita e a partir das últimas décadas de Quinhentos deixa de ser a principal destruidora demográfica [...]. Porém, à medida que os surtos pestíferos vão perdendo importância, outros tipos de doenças tomam o seu lugar. Intimamente relacionada com factores socioeconómicos e apresentando características diferenciais bem marcadas (consoante os níveis alimentares, índices de miséria e de vagabundagem, peso das condições de vida degradadas, [...], o tifo e as febres de origem tifóide, tais como a varíola e a malária ou o paludismo (mais a sul), caracterizam um novo período.[17]

Pelo exposto, percebe-se que Lisboa sentiu mais que todo o reino os impactos dos descobrimentos marítimos. Isso se dá na continuidade do crescimento populacional, destoante das outras partes do reino, contabilizadas a imigração, emigração, crescimento vegetativo e atuação das pestes recorrentes.

---

16 RODRIGUES, Teresa. *Crises de Mortalidade em Lisboa, séculos XVI e XVII*. Lisboa: Livros Horizonte, 1990.

17 *Idem*, p. 23.

Viper e sobrepiper em Lisboa

No tempo dos descobrimentos, o certo é que Lisboa ao transformar-se em um importante entreposto comercial passou a ter a função de intermediar as transações econômicas com o interior do reino e com outros portos distantes. Consolidou-se como a *cabeça do reino*, que tinha que pensar nos negócios de além-mar sem se esquecer do abastecimento interno da cidade.

O cotidiano da cidade foi amplamente dinamizado na medida em que o espaço urbano foi remodelado e racionalizado por um surto de obras públicas e privadas, especialmente no reinado de D. Manuel I (1495-1521).[1] A *Rua Nova dos Mercadores*

---

[1] CARITA, Helder. *Lisboa Manuelina e a formação de modelos urbanísticos da época moderna (1495-1521)*. Lisboa: Livros Horizonte, 1999. COELHO, António Borges. *Ruas e gentes na Lisboa quinhentista*. Lisboa: Caminho, 2007. Esta obra é baseada em fontes documentais como o Livro de lançamento e serviço, além dos textos mais conhecidos como: GÓIS, Damião de. *Descrição da cidade de Lisboa*. Lisboa: Livros Horizonte, 2001; BRANDÃO (de Buarcos), João. *Grandeza e abastança de Lisboa em 1552*. Livros Horizonte, 1990; e, OLIVEIRA, Cristóvão Rodrigues de. *Lisboa em 1551 – Sumário*. Lisboa: Livros Horizonte, 1987.

tornou-se vital para a cidade. Ladeada de edifícios suntuosos foi designada como o *nervo econômico de Quinhentos*. Bem próximo a *Rua Nova d'El Rey* fazia chegar às praças do *Rossio* e da *Ribeira*. Os nobres e a burguesia mudaram-se para perto do porto. Os novos espaços ganhavam notoriedade pelo espetáculo constante: o burburinho das compras e vendas, das festas, das touradas e até dos conflitos entre cristãos-novos e cristãos-velhos. A população ficava extasiada com os ritos de passagem do rei e seu séquito, exibindo animais exóticos que os navegantes traziam de presente das terras distantes.[2] As ruas também serviam de lugar para diversas procissões religiosas. Eram realizadas pelo menos três por mês, tanto para reafirmar os dias santos quanto para aclamação do rei ou exéquias de algum membro da família real.[3]

Devido à importância gradativa de Lisboa, não só para as relações comerciais com o mundo exterior, mas também como capital de um reino que se fortalecia rapidamente, o mesmo D. Manuel I dedicou-se às questões do abastecimento interno e do fornecimento dos mantimentos aos moradores de Lisboa. Em Carta, de 24 de outubro de 1517, doou *"do chão*

---

2   ARAÚJO, Renata de. *Lisboa: a cidade e o espectáculo na época dos descobrimentos*. Lisboa: Livros Horizonte, 1990 (Coleção Cidade de Lisboa).

3   PEREIRA, Paulo; LEITE, Ana Cristina. "Espiritualidade e religiosidade na Lisboa de Quinhentos". In: MOITA, Irisalva. *Lisboa quinhentista. A imagem e a vida da cidade*. Lisboa: Direcção dos Serviços Culturais da Câmara Municipal de Lisboa, s.d., p. 23-29.

da Ribeira, desde o cunhal da alfândega, do lado da Misericórdia, até o outro cunhal, a fim da Câmara ali mandar construir casas e lojas para 'agasalhar pão". Dois anos após, edita nova Carta de Doação, em 24 de setembro de 1519, mandou *"edificar junto à Alfândega nova, na Ribeira da Cidade, para venda do trigo que vinha de franquia, com a condição da Câmara nunca as aforar, escambar ou dar-lhes outras aplicação."*[4]

Os empreendimentos ultramarinos fizeram crescer a construção naval e de acessórios, que requeriam matérias-primas como breu, sebo, resina, estopa e ferro para pregos e âncoras, além das cordas e pano para as velas das naus. Se grande parte desses produtos originava-se no reino, as madeiras melhores careciam de importação.[5]

Desde os primeiros tempos das grandes viagens quando achavam que a melhor política era saquear, os exploradores portugueses passaram a necessitar cada vez mais de armas de fogo e pólvora, bem como da habilidade para o uso. A utilidade das armas foi crescente mesmo após a mudança do olhar e do comportamento dos portugueses diante das sociedades novas que se deparavam. No decorrer do tempo, a prioridade passou a ser a realização de contatos amenos e estabelecimento de alianças que facilitavam as trocas de produtos.

---

4   OLIVEIRA, Eduardo Freire de. *Elementos para a História do município de Lisboa*. Lisboa: Typografia Universal, 1885, p. 102.

5   CASTRO, Armando. *História econômica de Portugal*. Lisboa: Caminho, 1985. v. 3. p. 130.

Já em 1460, porém, Diogo Gomes pôde voltar à Guiné em caravela armada por Afonso V, para lá encontrar duas outras anteriormente chegadas; uma de Gonçalo Ferreira, 'familiar do senhor Infante', outra do mercador genovês Uso di Mare; e, então, começ[ou] de facto a era do tráfico organizado de mão-de-obra escrava obtida através da novidade dos acordos directos com os régulos da África Negra, em nível praticamente de Estado para Estado.[6]

Mesmo assim, a violência pelas armas, volta e meia, era o recurso a ser utilizado para atingir os objetivos.[7] No decorrer das viagens, aqueles que ficavam para trás nas chamadas *feitorias* faziam das armas um meio de proteção e de imposição sobre os nativos. O que fazia dos *espingardeiros* e *bombardeiros* homens protegidos da realeza.[8]

A necessidade de provisão para os navegantes requeria o trabalho dos plantadores de trigo e das *biscoiteiras*. Os biscoitos, fortemente cozidos, feitos de porções ideais de trigo, sal e água, alimentavam as tripulações por vários meses mar adentro. Alguns fornos no entorno de Lisboa forneciam o necessário. A produção, nas décadas finais do século XVI, girava

---

6 TINHORÃO, José Ramos. *Os negros em Portugal. Uma presença silenciosa.* Lisboa: Caminho, 1988. (Coleção Universitária; 31), p. 65.

7 *Idem*, p. 62-3. O autor TINHORÃO tem como fonte os testemunhos do navegador Diogo Gomes, via relatos de Martin Behaim, Luís de Cadamostro, Jerônimo Münzer e Martin da Boemia.

8 CASTRO, Armando. *História econômica de Portugal.* Lisboa: Caminho, 1985, v. 3, p. 131.

em torno de 500 toneladas/ano. Alguns marinheiros, de patente maior, tinham a sorte de somar esses pães a um naco de carne conservada no sal. Como decorrência, os rebanhos – bovinos, ovinos e suínos – ganhavam mercado.[9]

O dinamismo econômico de Lisboa absorvia parte do crescimento populacional da época que, por outro lado, revertia em necessidade de abastecimento. Empreendimento de fôlego. Uma das principais e novas edificações da cidade, o *Terreiro do Paço*, centralizava o comércio do trigo, da cevada, do centeio, do milho e dos legumes, oriundos do Alentejo, de Entre Doutro e Minho, de Trás-os-Montes e de Açores. Mas todas essas partes não davam conta de fornecer tudo que Lisboa consumia e comercializava. Outro tanto de mercadorias vinha da Bretanha, da Inglaterra, França, Flandres, Galícia e de Castela. A maior parte chegava por mar, carregadas em navios – *o pão do mar*. Pequena parte dos grãos era carreada dos arredores por terra. Quanto à carne, havia leis que cerceavam o tráfego de rebanhos para Castela. O gado criado a pelo menos 10 léguas de Lisboa devia ser necessariamente para lá direcionado. Raramente o peixe salgado e seco deixava de estar à mesa dos habitantes da cidade. O atum geralmente chegava do Algarve. O vinho, de várias estirpes, produzido em grandes quantidades no vale do rio Douro, era bebida muito consumida e também taxada pelo fisco.

---

9 *Idem*, p. 130.

O líquido que acompanhava a alimentação também gerava impostos e exportações. Da mesma forma, o azeite, produzido internamente, regava o peixe do português e atendia outras nações.[10]

A grande repercussão dos primeiros descobrimentos, especialmente para Lisboa, no que se refere às importações, que poderiam em parte ser re-exportadas em seguida, é anotada por Dejanirah Couto:

> Além do trigo e das cabeças de gado trazidas de Marrocos, surg[iram] nos mercados lisboetas diversas mercadorias oriundas das costas da Mauritânia: goma-arábica, almíscar, plumas e ovos de avestruz, marfim, pelos de foca e de altílope, pós de ouro obtido em troca de conchas na ilha de arguim, na zona do cabo Branco, e, entre os materiais de tinturaria, o índigo. Em breve os navios volt[aram] carregados de açúcar da ilha da Madeira, onde há escravos a desbravar a terra para plantio de vinhedos e cereais. Ali, os melhores solos são reservados ao cultivo da cana-de-açúcar, cujo transporte mobiliza[va] em 1480 cerca de vinte navios e cinqüenta embarcações ligeiras. Depois, [foi] a vez do algodão, da malagueta e da pimenta.[11]

O acesso a determinados produtos de *além mar*, entre os mais abastados, passou a ser visível em

---

10 SARAMAGO, Alfredo. "Lisboa da expansão". In: _____. *Para uma história da alimentação de Lisboa e seu termo*. Lisboa: Assírio & Alvim, 2004.

11 COUTO, Dejanirah. *História de Lisboa*. Lisboa, Difel, 2003, p. 120.

parte devido à ostentação ou a capacidade de comercialização dos novos bens considerados precisos.

> [vinham] coisas preciosas da China, as aromáticas de maluco e Ceilão, e a rica pedraria da Índia, e o âmbar de todas as partes donde o mar o deita, o marfim de Angola, o ébano de Moçambique, o açúcar do Brasil, as holandas de Flandres, os panos de Inglaterra, os vidros de Veneza, as telas de outro de Milão, as sedas de Nápoles e Sicília, as raias de Florença [...].[12]

O impacto e as transformações promovidas do exterior para os portugueses, melhor aquinhoados, resultou na mudança dos hábitos de consumo, e também denotavam a demonstração de suntuosidade. Um dos bons indícios é a variação dos costumes relacionados à alimentação. Quanto mais produtos novos fossem inseridos ou combinados aos alimentos denotava a capacidade de ostentação, mesmo que o paladar tradicional estivesse sendo ferido. *"O excesso de ingredientes caros na alimentação, era uma forma de luxo e, por isso, especiarias como a pimenta, canela, cravinho, nos moscada, massas, gengibre, açafrão etc. eram generosamente incluídas nos diversos pratos."*[13]

---

12 VASCONCELLOS, Luiz Mendes. *Diálogos do Sítio de Lisboa. Sua grandeza, povoação, e Commercio, &c. Reimpressos conforme a Edição de 1608. Novamente correctos, e emendados.* Lisboa, Offic. Patr. de Francisco Luiz Ameno. 1786.

13 GUINOTE, Paulo. "Introdução: objetivos, fontes, estrutura". In: SILVA, Rodrigo Banha da; GUINOTE, Paulo. *O quotidiano na Lisboa dos Descobrimentos. Roteiro arqueológico e documental dos espaços e objetos*

Se a nova regra passou a ser assim para os salgados aplicava-se igualmente os exageros para os doces. Conforme Paulo GUINOTE,

> o mesmo se passou com o açúcar, quando a produção brasileira cresceu, e inundou as embarcações de regresso do outro lado do Atlântico a Lisboa. Os douces, outrora à base de mel, ovos e frutos secos, ganhavam um novo contributo, a partir de então, usado com muito menor moderação muitos pratos, o excesso de condimentos substituíram a verdadeira arte culinária.[14]

Irisalva MOITA, ao citar Viaggio Del Cardinale Alessandrino soma argumentos à citação acima, quando quer ressaltar as extravagâncias e os destemperos na alimentação adocicada dos lisboetas enriquecidos:

> Os manjares eram abundantíssimos e suntuosíssimos, mas postos desordenadamente, pouco altos ou esquisitos, e na maior parte pouco agradáveis ao paladar; porque eles deitavam em todos grande quantidade de açúcar, canela, especiarias, gemas d'ovos cozidos, ao mesmo tempo que lhes faltavam os molhos, temperos [...].[15]

---

de Lisboa. Grupo de Trabalho do Ministério da Educação para as Comemorações dos Descobrimentos Portugueses. 1998.

14 *Idem.*

15 MOITA, Irisalva. *Lisboa quinhentista. A imagem e a vida da cidade.* Lisboa: Direcção dos Serviços Culturais da Câmara Municipal de Lisboa, s.d., p. 165.

Somados a tudo isso, nas ocasiões especiais onde a festa denotava a capacidade de esbanjar *"a mesa ficava repleta de 'fruitas verdes e secas, tâmaras, conservas, meles, mantegas [...], e todas as outras qualidades e muita abastança, vira banquetes e consoandas"*.[16]

Contudo, o novo doce – o açúcar das ilhas ou do Brasil – que em grande parte substituiu o mel, especialmente no século XVI, não era amplamente disseminado em todos os segmentos sociais.[17] O consumo de açúcar e de especiarias, produtos de alto valor, ficava mais restrito aos detentores de maiores recursos econômicos, que ainda consideravam esses produtos como artigos de luxo ou de função terapêutica.[18]

Os chamados produtos exóticos e de alto valor no mercado somente de forma gradativa, mas não equitativa, foram sendo disseminados no seio das camadas populares, mais especificamente na população de Lisboa e arredores, e muito menos no interior do reino. O grande exemplo disso é que o pão de qualidade duvidosa continuava sendo um dos principais alimentos dos pobres.

---

16 DI PINA, Rui. *Crônica Del Rei D. João II*. Porto, 1977. p. 971.

17 ALGRANTI, Leila M. "Os livros de receitas e a transmissão da arte luso-brasileira de fazer doces". In: *O açúcar e o quotidiano* – Actas do III Seminário Internacional sobre o Açúcar. Funchal: Secretaria Regional de Turismo e Cultura, Centro de Estudos de História do Atlântico, 2004, p. 127-46; e "Doces de ovos, doces de freiras: a doçaria dos conventos portugueses no Livros de Receitas da Irmã Maria Leocádia do Monte do Carmo (1729)". In: *Cadernos Pagu*, Campinas, n. 27, p. 397-408.

18 CASTRO, Armando. *História econômica de Portugal*. Lisboa: Caminho, 1985, v. 3, p. 131.

Com[iam] os pobres uma espécie de pão com nada, que toda via é barato, é feito de trigo do país, todo cheio de terra, porque não costumam joeirá-lo, mas mandá-lo moer nos seus moinhos de vento, tão sujo como o levanta da eira.[19]

A gente do povo, em dias melhores ou remediados, como queira, somava ao pão de trigo da terra – porque o trigo branco [alvo como diziam] vinha de fora, da França e Alemanha e era caro – frutos, tripas e sardinhas tostadas ou cozinhadas a céu aberto. "A carne continuava a ser um luxo só, consumido sob a forma de enchidos ou em ocasiões extraordinárias",[20] comprada das tripeiras.

[...] [as tripeiras eram] mulheres que vend[iam] tripas cozidas, as fangas da farinha e porta nova e porta do açougue, as quais vend[iam] 5, 6, 10, 15 réis e que ganh[avam] muito e que não viv[iam] de outra coisa, e estão cheias de ouro e cadeias e anéis.[21]

Na ribeira, a ganhar a vida e a comer o possível, homens e mulheres impressionavam os viajantes que lá aportavam e os contemporâneos da própria cidade.

Também ha[via] [em Lisboa] outra maneira de vida; estão juntos da ribeira, dez cabanas em que estão de

---

19 A fonte citada por Irisalva Moita é Relazionde Del Viaggio, p. 165.

20 GUINOTE, Paulo. "Introdução: objetivos, fontes, estrutura". In: SILVA, Rodrigo Banha da; GUINOTE, Paulo. O quotidiano na Lisboa dos Descobrimentos. Roteiro arqueológico e documental dos espaços e objetos de Lisboa. Grupo de Trabalho do Ministério da Educação para as Comemorações dos Descobrimentos Portugueses. 1998.

21 BRANDÃO (De Buarcos), João. Grandeza e abastança de Lisboa em 1552. Lisboa: Livros Horizonte, 1990. p. 102.

Viver em Lisboa

contínuos homens e mulheres, com braseiro de fogo assando sardinhas e peixes de toda a outra sorte, segundo o há na ribeira. Onde comem homens e vivem os trabalhadores que vivem na ribeira, os que se embarcam para fora nas barcas e barqueiros.[22]

A Ribeira de Lisboa – a Praça do Mercado, próximo a Alfândega, a Casa dos Contos e o terreiro do trigo, construções impressionantes para época, mandadas fazer por D. Manuel I e D. João III – era o lugar de receber os produtos dos lugares descobertos e de abrigar uma diversidade de homens e mulheres na busca do sustento.

O mercado recebia peixe de todas as qualidades, o Atlântico sempre foi rico em variedades, e os lava-peixes lavavam os peixes e entregavam-no às regateiras e às peixeiras que, ou o vendiam no mercado, ou vinham com ele para a rua entoando pregões [...]. Também havia as chamadas escumadeiras, que escamavam e arranjavam o peixe, e algumas vezes cortavam-no em postas, pronto para ser cozinhado. Produtos hortícolas, como hortaliças e legumes, fruta diversa, carne, criação, ovos, todos os bens alimentares chegavam ao mercado vindos por terra ou, mais frequentemente, por mar e pelo rio. Dos barcos grandes eram descarregados produtos exóticos para espanto de todos, como as tâmaras da Terra dos Mouros, a manteiga de Flandres, o queijo da Holanda, a laranja da China [...].[23]

---

22 *Idem*, 107.

23 SARAMAGO, Alfredo. "Lisboa da expansão". In: _____. *Para uma história da alimentação de Lisboa e seu termo*. Lisboa: Assírio & Alvim, 2004, p. 83-4.

Lélio Luiz de Oliveira

A alimentação, um tanto modificada para os abastados devido ao ingresso de novos produtos, chegou a ser impactada parcialmente para a população de poucos recursos, guardando em grande medida a sua essência. As novidades vieram no sentido de acrescentar as possibilidades de alimentação da população de uma grande cidade, para a época, como é o caso de Lisboa. No bojo desse processo verificou-se a ampliação dos *conhecimentos botânicos* devido ao acesso a outras terras e culturas. O aproveitamento de novas plantas adaptadas à Península Ibéria passou a ser fato concreto.[24]

> [...] as novas plantas, com aplicações alimentares descobertas ou divulgadas em maior quantidade, após a chegada dos navegadores portugueses à Ásia ou ao Brasil seriam as dezenas entre frutos, tubérculos ou legumes. Nem todos mereceram adesão rápida – a batata talvez seja um dos exemplos, cujo sucesso foi mais tardio. Outras espécies vegetais, hoje tão comuns, como o feijão, tomate, a abóbora, o amendoim, o milho americano, uma variedade imensa de frutos etc. transformaram progressivamente os costumes alimentares europeus. [...].[25]

---

24 FERRÃO, José E. Mendes. *A aventura das plantas e os descobrimentos portugueses.* 2. ed. Lisboa: Instituto de Investigação Científica Tropical, s.d.. TAPADA, Filomena, *et al.* *A viagem das plantas.* Lisboa: Ministério da Educação, 1992.

25 GUINOTE, Paulo. "A Lisboa dos descobrimentos. O impacto dos descobrimentos no cotidiano". In: SILVA, Rodrigo Banha da; GUINOTE, Paulo. *O quotidiano na Lisboa dos Descobrimentos.* 1998, p. 30.

Viver em Lisboa

Alguns alimentos tiveram destaque devido ao acesso mais imediato tanto no reino português como no restante da Europa, principalmente a partir do século XVII. Foi o caso do tabaco, do café, do chá e do cacau.[26]

No entanto, por volta de 1520, conforme as descrições menos críticas e mais apologéticas encontradas na obra *Lisboa, oito séculos de História*,[27] conhecemos a mistura de alimentos – tradicionais e importados – que circulava na capital do reino, em especial na beira, com vistas a atender a toda gente, que passamos a transcrever – porque a nosso juízo nesse momento merece destaque não a ênfase dos autores, mas as especificidades dos alimentos a conhecer (grifo nosso):

> Lisboa tornara-se num mar de gente, que desde antes do sol nascer e até badalar compassadamente – e inapelàvelmente... – sino de correr, andava em roda-viva pegada, a moirejar o pão de cada dia.

> [para o abastecimento] havia rimas *de couves e de alfaces*, ainda aljofradas de orvalho, que eram vendidas por conta dos lavradores. [Havia] os lugares onde se adquiriam molhos de *cebolinho saloio* e réstias de *alhos* do termo e com eles emparceiravam outros em que durante o ano inteiro (e isto era o pasmo dos estrangeiros) se vendiam *queijos frescos, natas e queijadas*.

---

26   GUINOTE, Paulo. "A Lisboa dos descobrimentos. O impacto dos descobrimentos no cotidiano". In: SILVA, Rodrigo Banha da; GUINOTE, Paulo. *O quotidiano na Lisboa dos Descobrimentos*. 1998, p. 30.

27   LISBOA, oito séculos de história. Câmara Municipal de Lisboa. Publicações Comemorativas do 8. Centenário da Tomada de Lisboa aos Moiros. 1947. p. 329-30.

Deixando as bancadas do *mexilhão* e mais *mariscos* e as das vendedeiras matriculadas no Açougue do Pescado, quem caminhasse para os alpendres podia mercar à vontade [...].

Logo a seguir, topava-se com os cabazes e gamelas em que se oferecia ao comprador a bela fruta de Colares e com ela a fruta seca – ameixas de Borba, figos do Algarve e de Torres Novas, passas de Alicante, nozes e avelãs da Galiza e de Biscaia e tâmaras de Marrocos e de Argel.[...].

Noutro recanto, brancas e negras (forras ou não) tinham ante si grande panelas fumegantes e forneciam aos moços ganhões o seu almoço predilecto – *arroz doce com chícharos e cuscus* – guloseima que também fazia as delícias dos meninos, tanto assim que, mal se ouvia na rua o pregão cantante das vendedeiras, eles, ainda na cama, punham-se a pedir dinheiro às mães para se comprar o saboroso manjar.

Às Fangas da *Farinha*, na Porta Nova e na do Açougue mulheres anafadas (e também, como a vendedeiras de fruta a granel, muito chamarradas de manilhas, anéis e cordões de oiro) tinham para vender *tripas cozidas*, iguaria predileta de muita gente avondada e, até, consumida pelas comunidades de certos conventos e mosteiros, cujas dispensas não costumavam estar atochadas de todo o preciso.

Velhotas de pergaminho, amortalhadas em trajos de viuvez, recomendavam a sua *aletria e a fava frita*, cruzando-se com os mariolas – ajoujados ao peso das cargas transportadas em charolas, como iam as imagens nas procissões – e com frades trinos, que

Viver em Lisboa

recolhiam esmolas para remir cativos da moirama, e grupos de Meninos-órfãos mendigando, na angariação do sustento diário.

Os alimentos combinados passaram a demandar novos objetos que antes não pertenciam ao cotidiano e que passaram a ser necessários para processar o de comer e de beber. Junto vieram novos hábitos e comportamentos que alteraram ou adaptaram as atitudes do dia a dia.

> Com o tabaco surgiram os cachimbos, e, com as infusões como o chá e o café, vulgarizaram-se 'atitudes' mais delicadas e específicas para as servir provocando o alargamento de tipos de peças necessárias, num acervo de habitação que se pretendesse, bem fechada, para todas as ocasiões.[28]

> [...] a par dos vidros e das vulgares faianças grosseiras, os apreciados púcaros de barro de Estremoz e as loiças brancas de Talavera e de Sevilha. Vem a talho de foice informar que, por então, havia em Lisboa dez fornos de tejolo, sessenta de louça, dois de vidro e catorze de cal.[29]

Segundo Paulo GUINOTE, junto aos novos alimentos e objetos aconteceu a alteração dos *gestos cotidianos*, cuja influência poderia ser decorrente dos

---

28 GUINOTE, Paulo. "A Lisboa dos descobrimentos. O impacto dos descobrimentos no cotidiano". In: SILVA, Rodrigo Banha da; GUINOTE, Paulo. *O quotidiano na Lisboa dos Descobrimentos.* 1998, p. 30.

29 LISBOA, oito séculos de história. Câmara Municipal de Lisboa. Publicações Comemorativas do 8. Centenário da Tomada de Lisboa aos Moiros. 1947, p. 329.

descobrimentos. Daí o asseio ao servir os alimentos, acompanhado da intermediação de instrumentos novos. Tudo isso somado a inéditas regras protocolares da *"precedência e hierarquia à mesa"*, conforme os relatos a seguir:

> À beira delas podiam-se mercar frutas de mel – pinhoada, alféloa, a espécie de torrão de Alicante confeitado com sementes de gergelim (a que chamavam girgilada), nogado, laranjada etc., – *vendidas em mesas cobertas por toalhas limpíssimas, alves como a neves. Este predicado – o da alvura das toalhas – também se verificava nos panos com que as pretas – que todo o santo dia culcurriavam Lisboa a vender ameixas cozidas – embrulhavam a sua mercadoria, muito consumida*, em especial por forasteiros atingidos por achaques digestivos.[30]

> [...] escreve Frei Nicolau; e mais modernamente, em 1730, diz o Francez autor da 'Description de la Ville de Lisbonne, o seguinte: "as peixeiras em qualquer outra parte, são de um aceio que as distingue, e ostentam ricos aderessos, pulseiras, collares, anneis, cruzes, brincos, tudo de oiro; e ha tal, que usa em si mesma até I marco de oiro em jóias".[31]

> Apesar de, com naturalidade, os hábitos dos orientais à mesa em outras situações do dia a dia

---

30 LISBOA, oito séculos de história. Câmara Municipal de Lisboa. Publicações Comemorativas do 8. Centenário da Tomada de Lisboa aos Moiros. 1947, p. 329.

31 FRANCEZ. "Description de Ville de Lisbonne. 1730" In: BRAGA, Teófilo. *O povo portuguêz nos seus costumes, crenças e tradições.* Livravria Ferreira, 1885.

Viver em Lisboa

serem encarados com estranheza pelos primeiros europeus, portugueses no caso, que com eles contactaram [...]. A utilização de pauzinhos e outros utensílios (caso do garfo) como intermediários no ato da ingestão dos alimentos, iam do deslocamento da comida do prato até à boca, revelam a prática, que usavam o contato das mãos com o conteúdo das refeições, estranha aos europeus durante a Idade Média. Também o fato da comida ser levada para a mesa já preparada para ser ingerida, era algo estranho no Ocidente, onde se fazia gala em trinchar os alimentos, com destaque para a carne, na presença dos convives.[32]

O cotidiano econômico foi aturdido pelo aumento das necessidades. Tendo como base os trabalhos de Cristóvão Rodrigues de Oliveira – *Lisboa em 1551, Sumário*[33] – e de João Brandão (de Buarcos),[34] já muito esmiuçados pelos historiadores,[35] podem nos dar a dimensão dos profissionais envolvidos com o abastecimento de Lisboa, bem como o que produziam revelando as demandas dos lisboetas, em meados do século XVI, conforme as Tabelas 8 e 9.

---

32 GUINOTE, Paulo. "A Lisboa dos descobrimentos. O impacto dos descobrimentos no cotidiano". In: SILVA, Rodrigo Banha da; GUINOTE, Paulo. *O quotidiano na Lisboa dos Descobrimentos*. 1998, p. 33.

33 OLIVEIRA, Cristóvão Rodrigues de. *Lisboa em 1551 – Sumário*. Lisboa: Livros Horizonte, 1987.

34 BRANDÃO (de Buarcos), João. *Grandeza e abastança de Lisboa em 1552*. Livros Horizonte, 1990.

35 Por exemplo, SARAMAGO na obra *Para uma História da alimentação de Lisboa e seu termo* (2004) contabiliza o número de pessoas dedicadas aos ofícios relacionados ao abastecimento, tendo como base os trabalhos de OLIVEIRA (1987); BRANDÃO (1990).

Tabela 8
Ofícios relacionados com a alimentação e os números de pessoas que ocupavam dos ofícios – População masculina – 1551-1552

Ofícios	Nº	Ofícios	Nº
Mestres de fabricar açúcar	20	Fabricantes de aguardentes	10
Vendedores ambulantes de obreiras [a]	9	Aguadeiros com carreta	5
Alcaparreiros [b]	10	Alfeloeiros [c]	23
Atafoneiros [d]	216	Biscoiteiros [e]	43
Cabriteiros [f]	32	Os que vendiam caça	19
Confeiteiros	150	Cortadores de carne no açougue	60
Forneiros de biscoitos	40	Forneiros de pão	500
Galinheiros que vendiam galinhas	20	Hortelões e lavradores junto dos muros e nos arrabaldes da cidade	187
Lava-peixes	20	Obreiros [g]	26
Pasteleiros	30	Taverneiros	300
Esfoladores	30	Regatões	27
Vinhateiros	38	Vinagreiros	20

Fonte: SARAMAGO, 2004, p. 85-6.

[a] Obreira: folha de massa muito fina de que é feita a hóstia. Também utilizada para alguns doces.

[b] Os que fabricavam e vendiam alcaparras. Fruto de uma planta arbustiva, usada em conserva de vinagre e que serve de condimento.

[c] Os que fabricavam e vendiam alféolas. Artigo de confeitaria feito com massa de açúcar ou melaço em ponto grosso.

[d] O que possui atafona ou nela trabalha. Atafona é um engenho de moer grão, posta em movimento mecanicamente ou à mão.

[e] Os que fabricavam ou vendiam biscoito, pão duas vezes cozido, consumido nas viagens marítimas.

[f] Os que criavam e vendiam cabritos.

[g] Os que fabricavam obreias (ver nota [a]).

Viver em Lisboa

Tabela 9
Ofícios relacionados com a alimentação e os números de pessoas que se ocupavam dos ofícios – População feminina – 1551-1552

Ofícios	Nº	Ofícios	Nº
Aguadeiras da Ribeira	50	As que destilam água	20
As que vendem água	26	As que fazem aletria	28
As que fazem alféolas	23	Negras que vendem ameixas e favas	200
As que fazem arroz cozido	50	Atafoneiras [a]	800
Azeiteiras ambulantes	50	Biscoiteiras	58
As que vendem cabrito	20	As que vendem caça	30
Conserveiras	30	Cuscuseiras [b]	3
Escamadeiras da ribeira	50	Farteleiras [c]	26
As que vendem na Ribeira fruta de Colares	100	As que vendem na Ribeira fruta passada	100
As que vendem à porta de suas casas fruta seca	200	As que vendem na Ribeira fruta seca e verde	70
As que compram na Ribeira fruta verde	300	As que fazem fruta de açúcar	60
As que vendem girgilada e outras frutas de mel	30	As que vendem na Ribeira ervas e hortaliças	150
As que vendem na Ribeira laranjas	50	As que vendem na Ribeira leite e queijos	200
As que vendem manteiga cozida	43	Marisqueiras	100
As que vendem marelada	50	As que vendem mel	20
Mostardeiras	45	As que fabricam e vendem pão cozido	1000
As que fritam peixe	200	Pescadeiras	400
As que vendem pescado	140	As que raspam púcaros	13
Regateiras de porta, as que vendem miúdo	900	As que vendem sal na Ribeira	13
Taverneiras	118	Tripeiras	50
Mulheres que fazem zevezinhos [d]	24	Sardinheiras	45
Regateiras da Ribeira	660	Negras de pote e quarta que vendem água	1000
Vendedoras de camarões, "briguigões", caramujos e todo o gênero de marisco	200	As que vendem ameixas cozidas, favas cozidas, "chichorros" cozidos e arroz	200

Fonte: SARAMAGO, 2004, p. 85-6.

[a] O que possui atafona ou nela trabalha. Atafona é um engenho de moer grão posta em movimento mecanicamente ou à mão.

[b]As que fazem e vendem cuscus. Cuscus são bolos feitos de massa de farinha de milho ou de arroz e cozidos ao vapor de água a ferver.

[c] Que fazem farteis, ou fartens, que são bolos de açúcar e amêndoa, envolvidos em farinha de trigo, e outros bolos que contêm creme.

[d] Zevezinhos: espécie de doce ou massa.

Os números apresentados nas Tabelas 8 e 9 indicam a diversidade de profissões que a cidade de Lisboa carecia para o seu funcionamento e que fazia girar a roda do cotidiano econômico. Não aquele cotidiano somente impregnado pela chegada e partida de navios para as rotas conhecidas e a conhecer, que já vem a tempo sendo tratado, especialmente pela historiografia portuguesa, descrito como o período da grande virada da história de Portugal e que tanto marcou a vida desta nação. Apesar de não haver uma exatidão e sim uma tendência. Os números nos dizem, em parte, as atitudes do homem comum em busca da sobrevivência. Noutros termos, quem produzia e destinava ao mercado de varejo os produtos do dia a dia em uma cidade em crescimento e impactada pelas grandes navegações? Não é por acaso que se somarmos os homens *Forneiros de pão (500), Forneiros de biscoitos (40), Confeiteiros (150), Alfeloeiros (23) e Atafoneiros (216), que totalizam 929 indivíduos, estes correspondem a 46,10% do total*. Ou seja, todos quase a metade dos trabalhadores masculinos contabilizados moíam os grãos e transformavam em pães, base da alimentação da arraia-miúda. Outros 151 trabalhavam com a carne e o peixe, o que corres-

Viver em Lisboa

ponde a 7,49%. Aqueles que fabricavam e forneciam bebidas totalizavam 53 pessoas ou 2,63% do total do homens listados na Tabela. Muitos com os seus ofícios também atendiam o mercado pequeno, como os Alcaparreiros, Pasteleiros e Esfoladores (70). Os demais, produtores imprescindíveis – *Hortelões e lavradores junto dos muros e nos arrabaldes da cidade* – somavam 187 pessoas (9,28%).

A tendência não é muito diferente se nos atentarmos à Tabela 9 que trata dos ofícios femininos relacionados à alimentação do lisboeta. A diferença que as mulheres tendiam mais a vender como ambulantes, porta a porta, ou na ribeira (varinas). A mulher pobre trabalhava, também, fora dos quadrantes da casa, e destinavam-se a comercializar seus produtos a miúdo. O grande destaque está para as *Regateiras da Ribeira (660)* e para as *Negras de pote e quarta que ven[diam] água (1.000)*.

> Muitas casas tinham poços, mas os moradores das que os não possuíam abasteciam-se por intermédio dos açacais, que carregavam de uma vezada numerosos cântaros, quer em carros, quer a dorso de azêmolas. Os mais abastados valiam-se das escravas e os menos favorecidos, em geral, forneciam-se de água para beber e cozinhar às negras do pote, que a traziam a domicílio, por conta de outrem, ou do chafariz del-Rei ou de outras bicas recomendadas.[36]

---

36 LISBOA, oito séculos de história. Câmara Municipal de Lisboa. Publicações Comemorativas do 8. Centenário da Tomada de Lisboa aos Moiros. 1947. p. 331.

As mulheres de então se dedicavam a diversas profissões, eram as mantenedoras da água da casa, as peixeiras, as vendedoras de flores: *"sob os alpendres era o mercado das flores e ervas de cheiro, em que todo o ano se desentranhavam as quintas de entorno – cravos, rosas, margaridas, giestas, violetas, malva-rosa, artemísia, limonete, segurelha, hortelã e docelima..."*[37]

Nos casarões, onde se recolhia o trigo, próximo à Ribeira, trabalhavam as mulheres *medideiras*: *"nos vãos dos arcos (dos casarões) estacionavam centro e sessenta 'medideiras', e um centro de outras mulheres, que todas se empregavam, umas em medir, outras em joeirar o cereal para a venda."*[38]

Ora os números são, inclusive pela distância no tempo e pelo questionamento das fontes, uma mera demonstração dos trabalhadores do *rés-do-chão* da Lisboa do Renascimento.[39] Se a Ribeira, o porto da cidade passou a ser o motor dos acontecimentos, havia toda uma engrenagem por detrás que trabalhava e fazia circular as mercadorias entre a maioria das pessoas que não tinham vínculo direto com as navegações. Viviam das profissões do passado no mundo que modernizava.

---

37 LISBOA, oito séculos de história. Câmara Municipal de Lisboa. Publicações Comemorativas do 8. Centenário da Tomada de Lisboa aos Moiros. 1947. p. 330.

38 CASTILHO, Júlio de. *A Ribeira de Lisboa: descripção histórica da margem do Tejo desde a Madre-de-Deus até Santos-o-Velho*. 1893, p. 221.

39 CARVALHO, Joaquim Barradas de. *O Renascimento português. Em busca da sua especificidade*. Lisboa: Imprensa Nacional; Casa da Moeda, 1980.

Viver em Lisboa

Outra questão a levantar é que as divisões dos ofícios feitas segundo as fontes consultadas não podem nos induzir que nos primórdios do mercantilismo já havia uma divisão social do trabalho amplamente definida.

Para continuar a esclarecer o trabalho cotidiano dos lisboetas é de bom tom destacar relatos sobre os homens que trabalhavam com um produto importante como o sal:

> Junto ao Paço da Madeira assentavam-se as que negociavam com 'sal' e não longe, para lá da ermida de São Pedro Gonçalves, era costume, desde recuados tempos, quem não tinha trabalho certo e buscava que fazer nas fainas ligadas à lida domar (fosse na estiva, fosse no que fosse) ir à espécie de mercado matutino, que lá se efectuava, para o ajuste quotidiano de braços mercanários. Daí, talvez, o nome por que o lugar ficara conhecido – o 'Cataque-farás'; daí <a praça> de estivadores que chegou a nossos dias sensivelmente no mesmo local – o Cais do Sodré.[40]

A madeira, um dos bens tão necessários aos estaleiros, aos fogões e as lareiras das casas ocupava seus oficiais:

> Entrementes, nos estaleiros das cercanias, os carpinteiros, com seus machados bem afiados, iam talhando e moldando, em silêncio, peça por

---

40 LISBOA, oito séculos de história. Câmara Municipal de Lisboa. Publicações Comemorativas do 8. Centenário da Tomada de Lisboa aos Moiros. 1947. p. 328.

peça, as naus e as caravelas precisas para o serviço de El-Rei, ao passo que o matraquear constante e ruidoso dos calafates enchia de animação toda a redondeza.[41]

Vendedores de lenha cirandavam com malhos às costas e cunhas de ferro e pequenos machados debaixo dos braços. Moços de ceirinha andavam num vira-virote a entregar mandados [...].[42]

Mais de dois mil homens na orla do Tejo, entre a muralha e a água, serravam lenha para fazer carvão. 'É coisa mui de ver – exclama Villalba – a somma de madeira que ali se accumula, e a quantidade de carvão que se ali fabrica; e tanto ao rés das águas trabalham os serradores, que muita vez os colhe, e os obriga a retrahirem-se, o crescer das marés.[43]

As mulheres *lavadeiras e ensaboadeiras* ganhavam a vida a lavar os trajes e os enxovais dos lisboetas:

Mais de três mil viviam de tratar do asseio do bragal dos lisbonenses, não entrando no cômputo o mulherio, que lavava a própria roupa nos tanques para onde corriam os sobejos do chafariz dos Cavalos e do del-Rei.[44]

---

41 *Idem*, p. 329.

42 *Idem*, p. 330.

43 CASTILHO, Júlio de. *A Ribeira de Lisboa: descripção histórica da margem do Tejo desde a Madre-de-Deus até Santos-o-Velho.* 1893, p. 59.

44 LISBOA, oito séculos de história. Câmara Municipal de Lisboa. Publicações Comemorativas do 8. Centenário da Tomada de Lisboa aos Moiros. 1947, p. 331.

Viver em Lisboa

Contudo, para trabalhar as mulheres lavadeiras precisavam do sabão – branco ou preto, produto que por monopólio, geralmente, estava nas mãos de alguns senhores da nobreza.[45]

> Embora se tratasse de um monopólio régio, a doação dos seus rendimentos a particulares foi uma constante, registrando-se mesmo a concentração dos rendimentos de diversas saboarias numa só pessoa ou instituição. Assim, os rendimentos da de Paio de Pele foram doados, por D. Manuel, às freiras do Convento de Santa Clara de Lisboa.[46]

Já à feira, estabelecida em pleno Rossio, recorriam toda sorte de pequenos produtores e comerciantes procurando progredir os negócios:

> A ela acorriam sapateiros de calçado novo e de calçado velho, algibebes, mercadores de panos, fanqueiros de linho do Reino e de fora dele, homens que vendiam solias, ustedas, chamalotes, fustões e outros tecidos de lã, além de holandas e de cetins falsos ou riscados; outros que negociavam com loiça de barro, caldeiras, bacias, tesoiras de espevitar e almofarizes; mulheres que feiravam coifas de ouro, garavins trançados, gorjeiras, lenços, cabeções,

---

45 *Idem*, 331.

46 DIAS, João José Alves. *Paio de Pele. A vila e a Região do século XII ao XVI*. Santarém. Vila Nova da Barquinha, 1989, p. 39, 89. Citado por: RODRIGUES, Ana Maria S. A. "A produção agro-pecuária". In: SERRÃO, Joel; MARQUES, A. H. de Oliveira (dir.). *Nova História de Portugal. Do Renascimento à crise dinástica*. Lisboa: Editorial Presença, 1999, p. 189.

pivetes, almiscarados, cirandas, joeiras, sementes, atacas-bolsas e colheres.

Também acudiam, certos de fazer bom negócio, os carapuceiros e barreteiros, os esparteiros (manipuladores de artigos fabricados de esparto), ferro-velhos, cesteiros, bate-folhas e latoeiros e mais os vendedores de roupas velhas, os calceteiros – isto é: os negociantes de calças, meias, peúgas e outros artigos de malha (calceta) – e os que negociavam coisas tidas por extravagantes, tais como: gaiolas, passarinhos, cestos de verga, vassouras, escudelas, pichéis e, até, ajudas para as cristaleiras exercerem seu repugnante mister.

Os esparaveleiros – ou seja, os fabricantes de toldos, sobrecéus, dosséis, guarda-chuvas e es- paravéis, que eram pròpriamente uma espécie de umbela, em forma de sino, utilizada como som- brinha – ocupavam um dos lados do terreiro, junto dos mercadores de tapeçarias, guadamecins e alcatifas.[47]

Além de todos os citados, gente de *"melhor es- tirpe"* também promovia suas negociatas e trocas:

A feira durava todo o dia e a ela concorriam la- vradores, vindos dos montes de envolta, da Banda de Além e da borda de água, escolares e lentes dos Estudos, fidalgos e senhores (seguidos por escudei- ros aprumados), clérigos respeitáveis, navegadores,

---

47 LISBOA, oito séculos de história. Câmara Municipal de Lisboa. Publicações Comemorativas do 8. Centenário da Tomada de Lisboa aos Moiros. 1947, p. 331.

físicos, mesteirais, bèsteiros do conto, charamela, bombareiros, frades e monges, gente da justiça e do Paço. No dizer de um perito coevo, as transações nunca eram inferiores a 6.000 cruzados.[48]

Por sua vez os pequenos comerciantes estabelecidos, em alguns casos utilizavam as paredes das novas construções, como a Alfândega das Sete Casas, a Casa dos Contos e o Terreiro do Trigo (ver na citação a longa descrição do edifício),[49] para fincar suas barracas, vender quinquilharias e aplicar seus ofícios.

---

48 *Idem*, p. 331-2.

49 "Defronte do portal da Misericórdia, mas um pouco desviado para o lado do Nascente, erguia-se, todo elle cantaria, um vasto edifício quadrangular, obra del-Rei D. Manuel e D. João III. Tinha uma das frentes, a do Norte, para o adro da vendeiras de flores, e para as escadas da mesma Misericórdia; outra para a praça do peixe e Malcosinhado, ao Nascente; outra para o Tejo, ao Sul; e a outra enfim para o terreiro chamado <<do Paço>>; era a do Poente."

"Olhemos. Vê-se do Tejo: é a cidadella da abastança de Lisboa; chamemos-lhe assim. Ali estão a repartição denominada Alfândela das Sete Casas, e a Casa dos Contos, e o terreiro do Trigo; tudo no mesmo edifício, e tudo separado. Vamos ver como."

"No andar alto, á parte do Nascente, as Sete Casas, secretaría importantíssima, onde se despachavam, em sete repartições diversas, sete gêneros: 1º os vinhos; 2º os azeites; 3º as carnes; 4º as fructas; 5º o carvão; 6º a lenha; 7º enfim – os escravos."

"Sobre o mar corriam quatorze armazéns, vastos e abobadados, onde se recolhiam as mercadorias de fora, e por cima eram as casas de morada do importante personagem Provedor da mesma Alfândega."

"Ao Poente, na parte que formava symetria opposta ás Sete Casas, ficava sobre o terreiro do Paço a Casa dos contos. Era uma espécie do nosso 'Tribunal de contas', isto é, uma instância onde prestavam contas todos os funcionários que administravam bens e rendas do Estado, no Reino ou no Ultramar. Ahi havia um pessoal enorme, que isso foi sempre sestro da nossa burocracia. Metade bem remunerada faria o serviço todo."

Ao longo da parede da rua da Alfândega, e correspondendo ás costas dos trinta e dois arcos do Norte, via o transeunte trinta e duas lojinhas de bugigangas e ninharias, como alfinetes, óculos, agulhas, assobios, pennas, papel etc. Finalmente, encostadas por fora a este nobre terreiro do Trigo, construíram-se, com licença da Câmara, quinze pequenas casas, com seus sobrados, em que trabalhavam os officiaes que fazem peças de folha de Flandres, vulgarmente chamados funileiros, ou latoeiros (intolerável visinhança!).[50]

Ainda no século XVI o princípio do arruamento dos mesteres era considerado, fruto da especialização comercial de pelo menos dois séculos anteriores. Todavia, era um princípio mais ou menos respeitado. Um bom exemplo era a Rua Nova dos Mercadores e suas proximidades.

"Ao lado Norte do quadrangulo ... (como hei de eu figurar isto, que me entendam sem illustrações ao texto?). Imagine o leitor, que uma fatia do grande quadrilátero sobre a rua em frente da Misericórdia (a nossa rua da Alfândega) era como um corredor descoberto, muito comprido, com uma entrada para o terreiro do Paço, e a outra para a Ribeira, isto, é uma ao Poente, e a outra ao Nascente. Corredor? Não digo bem; era um grande claustro, achatado, comprido, a ponto que as duas arcadas, ou partes, do Norte e do Sul, ficavam collocadas quase junto uma da outra, apenas a trinta e dois pés de distância, sem dar logar aos outros dois lanços, representados apenas pelas duas cabeceiras do mesmo corredor. A cada lado trinta e dois arcos sustentavam quarenta e oito casarões onde se recolhia trigo [...]."

Ver: CASTILHO, Júlio de. *A Ribeira de Lisboa: descripção histórica da margem do Tejo desde a Madre-de-Deus até Santos-o-Velho.* 1893, p. 221.

50 *Idem*, p. 59.

Viver em Lisboa

Tal como outros naturais e estrangeiros, João Brandão (de Buarcos) escrevendo em 1552, não poupou elogios à Rua Nova dos Mercadores em Lisboa, onde a diversidade de bens à venda era uma realidade. De qualquer modo, considerou que alguns ofícios deviam estar ausentes, 'assim como nas outras ruas parece bem os oficiais de cujo ofício a rua tem o nome, pareceria esta ter tudo conforme a seu nome. E já que as outras merecem estar bem ordenadas, não devia esta de desmerecer das outras, e mais havendo tanto lugar pela cidade e ruas, como há. E apontarei a rua dos Confeiteiros, que ora está debaixo das pousadas e paços do Príncipe, que de juro não tem senão moscas e abelhas, que muito melhor pareceria em tal rua boticários e livreiros e sirgueiros; e os confeiteiros e sapateiros postos em outras rua, onde a cidade seria nobre e as ruas limpas. E esta [a Rua Nova] ficaria com seu nome, que são mercadores [...] Ela tem mercadores de lojas de panos; e tem lojas de sedas; de caixeiros; boticários; livreiros; marceiros; sirgueiros; tosadores; luveiros; barbeiros; sapateiros; fanqueiros; calceteiros; alfaiates; alimpadores de barretes; cerieiros; os quais são 16 ofícios. Que parece muita desordem para rua tão nobre ter tanto mistura".[51]

Não era um caso isolado. Em 1532, D. João III atendendo a que os correeiros de Lisboa sempre

---

51 BRANDÃO (de Buarcos), João. *Grandeza e abastança de Lisboa em 1552*. Lisboa: Livros Horizonte, 1990, p. 97-100. Citado por: BRAGA, Isabel M. R. Mendes Drumond." A circulação e a distribuição dos produtos". In: SERRÃO, Joel; MARQUES, A. H. de Oliveira (dir.). *Nova História de Portugal. Do Renascimento à crise dinástica.* Lisboa: Editorial Presença, 1999, p. 216.

tinham trabalhado na rua da Correaria e que ao presente esta estava a ser invadida por pessoas de outros ofícios deliberou, para manter a nobreza da cidade, que 'desde a travessa que vai pra as Pedras Negras em que ora pousa o alcaide da cidade até à Madalena não possa viver nenhum oficial de nenhum ofício saldo correeiros e dargueiros.[52]

Em Lisboa, nas ruas da Baixa, seja no Rossio ou na Beira, ficava evidente a mistura dos segmentos sociais e a implicância com os desvalidos:

> [...] um verdadeiro retrato do inferno na confusão de gentalha que apiahava a Ribeira de Lisboa. [...] Tinha o peregrino muito gosto em ver á beira-Tejo tanta chusma de gentio, tanto concurso e vadios e birbantes, negros, negras semi-nuas, apenas com umas tangas andrajosas [...].[53]

> [...] os pobres de pedir, com suas caixas, agenciavam a vida, lenga-lengando orações ruminadamente, e os homens do vinagre, com seus odres cheios ao ombro, cacarejavam muito o seu pregão.[54]

Assim, a gente pobre que vivia de expedientes a vagar pelas ruas do núcleo antigo ou da baixa, geralmente foram mal vistos pelos cronistas que passa-

---

52 Lisboa, A. N.T.T., Chancelaria de D. João III. Ofícios, Padrões e Doações, liv. 18, fol. 45v. citado por: BRAGA, Isabel M. R. Mendes Drumond. *Idem*, p. 216.

53 *Idem*, p. 59.

54 LISBOA, oito séculos de história. Câmara Municipal de Lisboa. Publicações Comemorativas do 8. Centenário da Tomada de Lisboa aos Moiros. 1947, p. 331

Viver em Lisboa

ram pela cidade no século XVI, absorvendo frases ou termos para designar os desafortunados. Uma frase discutível, mas utilizada era a seguinte: "mandar *bugiar* alguém".

> [...] explico. 'Bugio' é o mesmo que macaco; mas não se trata aqui dos engraçados quadrúmanos, que tanto nos fazem rir nas suas gaiolas do jardim Zoológico de S. Sebastião da Pedreira; trata-se de um engenho, o 'macaco' ou 'bugio', com que se bate e afunda a estacaria de aterros e alicerces. Diz [...] na palavra 'bugiar' [...] quando se constituia (em 1584) sobre estacas e massame o Forte do terreiro do Paço, [onde] empregava no mover os bugios muita somma de gente da mais baixa esphera; d´ahi, como bugiar era tarefa dura, brutal, e essencialmente plebêa, e como só se deportava para essa tarefa a <<arraia miúda>>, o gatuno, o vadio, entrou a phrase a tomar a accepção insultuosa e despresativa que hoje tem: 'Vá bugiar', isto é, vá trabalhar nos bugios dos aterros do terreiro do Paço, que você só para isso póde servir. – [...] Ide bugiar, insignificante![55]

A vida girava pelas novidades, mas, antes de tudo era necessário cuidar das tarefas elementares, ou melhor, da rotina. Força que cadenciava o ritmo das transformações. Um esforço contínuo na busca dos mantimentos. A velha monotonia das ruas passou a ser invadida pela toada dos ambulantes em sua

---

55 CASTILHO, Júlio de. *A Ribeira de Lisboa: descripção histórica da margem do Tejo desde a Madre-de-Deus até Santos-o-Velho*. 1893, p. 235.

jornada ofertando *o de que comer e de beber*. Gente de toda a sorte participava do comércio local, a vagar pelas ruelas ou estabelecido na feira da Ribeira, exercendo seus ofícios. Vendiam-se, ao mesmo tempo, os antigos produtos impregnados pelos sabores tradicionais, bem como os produtos exóticos oriundos de além-mar.

As atribuições da Câmara da cidade e o abastecimento dos piventes

$\mathcal{A}$s relações comerciais que visavam o abastecimento de Lisboa eram, em sua maioria, reguladas pela Câmara, que tinha a função, desde longuíssima data, de diagnosticar as carências da população, normatizar as trocas, fazer receber os impostos e fiscalizar o cumprimento das legislações.

A Câmara da cidade de Lisboa tem origem remota, instituída pelo Foral atribuído ao rei D. Afonso I, possivelmente no ano de 1179. A corporação municipal era composta, nos primórdios, dos alvazis[1] – magistrados – que a documentação não precisa o número, do procurador do Conselho, e ainda de outros *magistrados* de posição inferior. A Câmara ficava sob a jurisdição do *alcaide-mor*,[2] responsável *"de todos os negócios administrativos e judiciais do Conselho; mas*

---

[1] "Dava-se indistintamente esta denominação aos magistrados judiciais e municipais. Uns e outros gozavam, durante o tempo que serviam, de grande imunidade e regalias". OLIVEIRA, Eduardo Freire de. *Elementos para a História do município de Lisboa.* Lisboa: Typografia Universal, 1885. Tomo I, p. 1.

[2] "Oficial nomeado pelo rei, com atribuições civis e militares." OLIVEIRA, Eduardo Freire de. *Idem,* p. 1.

nos assuntos mais importantes reunia-se em 'rellaçom' com as pessoas notáveis e abastadas da cidade, que eram os chamados 'homens bons'.[3] Em data muito posterior, de acordo com a Carta Régia de 20 de junho de 1437, a Câmara era composta de três vereadores e um Procurador da cidade.[4]

> Com a sucessão dos tempos, as atribuições, propriamente municipais, que exerciam os alvazis, passaram para uma outra ordem de magistrados, a que se deu nome de 'vereadores' [...] Só no tempo do rei D. Fernando é que pela primeira vez aparecem os chamados 'vereadores', em número de três, funcionando simplesmente com o Procurador do Conselho, conquanto ainda dependentes do Corregedor da cidade, que era o delegado do poder supremo [...].[5]

Os vereadores eram pagos com *mantimento, além de dois móis de trigo a cada um deles, quando servissem em todo o ano, e que, se o trigo não chegasse, recebessem seiscentos réis por cada moio.*[6]

> Para compararmos, o Alvará Régio de 11 de agosto de 1550 autoriz[ou] a Câmara a elevar o vencimento anual dos procuradores da cidade a mais dez mil réis em dinheiro, e dois moios de cevada, à custa das rendas do Conselho. O vencimento anual de cada um dos procuradores [passou a ser]

---

3   *Idem*, p. 6.

4   *Idem*, p. 1.

5   *Idem*, p. 1.

6   OLIVEIRA, Eduardo Freire. *Idem*, p. 12.

assim: 15$000 réis em dinheiro, 2 moios de trigo e 3 moios de cevada.[7]

A forma de pagamento dos vereadores é um bom indício das modificações das relações econômicas acontecidas em Portugal, direcionadas cada vez mais para a monetarização das trocas. Fato identificado por Dias:

> Graças à intensificação da cunhagem de metal precioso, o regime da troca directa, embora não se extinguisse, foi, todavia, suplantado pela circulação da moeda. Exemplo expressivo disso é o pagamento efectuado pelo município de Lisboa, em 1471, aos seus funcionários que recebiam parte em trigo, parte em Dinheiro. Com o ouro da Guiné a Coroa ia, progressivamente, substituindo o tradicional processo de pagamento em gêneros pelo de prestação em numerário – facto novo na história da administração pública do reino que bem demonstra o ingresso de Portugal numa autêntica economia monetária, e num sistema internacional de troca em moldes de estruturas capitalistas.[8]

Desde a remota origem da Câmara até as décadas finais do século XVI, os cargos que deveriam ser ocupados, bem como as atribuições dos vereadores, continuaram muito semelhantes. Somente no Regimento de 30 de agosto de 1502,

---

7   *Idem*, p. 12.

8   DIAS, Manuel Nunes. *O capitalismo monárquico português (1415-1549). Contribuição para o estudo das origens do capitalismo moderno.* Coimbra, 1963, p. 564-5.

dado por D. Manuel I, houve o detalhamento das *"atribuições que competiam a cada um dos oficiais da cidade."*[9] Isso decorre das novas necessidades por que passava Lisboa naquele momento de crescimento demográfico e de demandas muito fortes em relação ao abastecimento local. Mesmo assim, poucas modificações foram implantadas sobre as formas de agir dos membros da Câmara no sentido de administrar as carências dos lisboetas e verificar os interesses do poder real.

D. Manuel I, diante das novas circunstâncias históricas – o impacto do comércio internacional sobre Lisboa –, visando regular melhor e bem resolver as atribuições da Câmara, baixou Carta Régia em 1º de fevereiro de 1509, que distribuía o serviço por 'pelouros', que os vereadores tirav[am] à

> sorte Pelouros na administração municipal, são os diferentes ramos de serviço, cuja inspecção e fiscalização as Câmaras distribui[am] pelos vereadores, sem prejuízo da acção administrativa e da responsabilidade coletiva, que aquelas corporações tem em todos os negócios desses pelouros. [...] Por muito tempo esta distribuição fez-se à sorte, por meio de 'bolas de cera', contendo cada uma um papelinho com a designação de um dos ramos de administração municipal. A estas bolas, dava-se o nome de 'pelouros' e é a verdadeira significação da palavra. O vereador do pelouro, isto é, escolhia à

---

9 OLIVEIRA, Eduardo Freire de. *Elementos para a História do município de Lisboa*. Lisboa: Typografia Universal, 1885, p. 9.

sorte o serviço de que havia de ficar incumbido durante um certo tempo.[10]

Os *pelouros* denominavam-se: das carnes, da execução das penas e feitos (almotaçaria), das obras e da limpeza da cidade. Ressaltando que o a *almotaçaria* é cargo ou ofício do "almotacé, que tem o direito de almotaçar, ou seja, tabelar os preços dos gêneros."[11]

> Mais que uma reforma ao nível da jurisprudência e do direito, as reformas iniciadas no reinado de D. Manuel são concebidas, sobretudo, numa linha de reorganização das estruturas do aparelho de Estado, redefinindo competências, actuações e normas capazes de fazer face a um novo território imperial com uma economia de dimensões e nível de complexidade impensáveis no contexto do universo medieval português.[12]

Nota-se que os membros da Câmara visavam sua manutenção e o desempenho dos afazeres da instituição, fiscalizando as atividades econômicas

---

10 OLIVEIRA, Eduardo Freire de. *Elementos para a História do município de Lisboa*. Lisboa: Typografia Universal, 1885, p. 10.

11 "Pelo assento de vereação de 13 de agosto de 1555 [...] vê-se que continuou a haver quatro vereadores, e que a administração municipal estava dividida nos seguintes 'pelouros': carnes e S. Lázaro, limpeza, obras, execuções (almotaçaria) e provedoria-mor da saúde." OLIVEIRA, Eduardo Freire de. *Idem*, p. 10; 13.

12 CARITA, Helder. "Legislação e administração urbana no século XVI". In: ARAÚJO, Renata; CARITA, Helder; ROSSA, Walter (coord.). *Actas do Colóquio Internacional Universo Urbanístico Português*. Lisboa: Comissão Nacional para as Comemorações dos Descobrimentos Portugueses, 2001, p. 171

desenvolvidas no interior da cidade, sejam elas de *caráter interno* no sentido de suprir as necessidades básicas da população – alimentação, vestimenta, estabelecimento de condições para o trabalho cotidiano dos desprivilegiados –, além de moldar-se aos *imperativos externos* do turbilhão da Ribeira e seus desdobramentos decorrentes das grandes navegações. Além de fiscalizar, a Câmara recolhia as *rendas* decorrentes das atividades exercidas na cidade. Impostos necessários à Coroa, carente de recursos para moldar o núcleo do reino, que passou a ser o centro de um império.

> O lançamento dos Impostos, tanto ordinários ou gerais, como extraordinários, era atribuição do rei, que não declinava, fundando-se em que por direito público lhe pertencia. [...] À Câmara de Lisboa, bem como as dos outros Conselhos, não era dado promulgar posturas ou ordenações, que por qualquer modo afetassem as rendas ou direitos reais; quando tal sucedesse imediatamente seriam derrogadas. [Capº 48 dos artigos das sizas, de 27 de setembro de 1476].[13]

Contudo, percebe-se – conforme a Tabela 10 – que os impostos têm origem remota e foram mantidos e adaptados segundo as circunstâncias requeriam.

---

13 OLIVEIRA, Eduardo Freire de. *Idem*, p. 126.

Viver em Lisboa

Tabela 10
Rendas da Câmara de Lisboa – Séc. XV e XVI

Nº	Rendas	Origem	Descrição
1	Das licenças	Cujo princípio muito antigo se desconhece	Imposto de Licença para a venda de todos os gêneros e mantimentos
2	Da cestaria	De que trata o foral de D. Affonso I	A Câmara tinha cestos, em que os seus rendimentos mediam o peixe que vinha à Ribeira, para pagar o direito dele, e havia posturas para ninguém se [...] servir dos ditos cestos, senão no referido ministério
3	Das Barcas e tragamalho [a]	Que remonta ao ano de 1322	Esta contribuição já era cobrada desde o reinado de D. João I em todas as terras do litoral do Tejo, dava-se a circunstância de ser em Lisboa onde ela era menos pesada.
4	Da variagem [b]	Que teve começo em 1371	Qualquer vizinho [de Lisboa] que transitar com panos de cor à alfândega, que [fossem] de varas. Ao vender que pague a medida à cidade.
5	Ver-o-peso	Já o recebia no tempo dos reis D. Dinis e D. Afonso IV	Balança pública ou balança geral. Em Lisboa conhecida como Balança da Cidade.
6	Do terreiro	Que data do ano de 1372	Salário que a Câmara recebia pelas vendas de cereais e farinha nos lugares públicos.
7	Do marco dos navios	Já conhecida em 1422	Todos os navios de 100 ton. acima pagavam à cidade um marco de prata, sendo metade por conta do fretador e metade por conta do dono do navio.
8	Da imposição dos vinhos (ou Real D'água e realete)	De que é sobeja prova a Carta Régia de 9 de agosto de 1454	Tributo que os moradores pagaram para a construção do aqueduto para abastecimento da cidade, generalizando-se depois semelhante denominação para o imposto sobre carne, peixe e vinho.
9	Dos carros	Que apareceu em 1498	Tinha o rendimento a aplicação nas obras das calçadas, que os carros desconjuntavam ou destruíam.
10	Das propriedades e foros	Que sempre fez parte do domínio, administração e patrimônio da cidade.	Por várias vezes foi câmara coagida a vender parte dos seus foros para acudir as próprias necessidades e também as da Coroa.
11	Do Alqueirão	É de convicção que já pertencia ao povo de Lisboa muito antes da fundação do Reino.	Parte de terras pertencente à Câmara que era concedida aos pobres em troca de orações.

Fonte: OLIVEIRA, 1885, p. 145.

[a] "*O nome de 'tragamalho ou traga-o-malho' com que se designava o imposto em questão, parece provir de licença que se conced[ia] aos barqueiros para cravarem a malho estacas na praia, a fim de prenderem as suas embarcações.*"

[b] "*[...] sistema que primitivamente se usava na cobrança da 'medidagem', direito das varas ou variagem.*"

Para a comercialização dos produtos e mesmo para a cobrança dos seus impostos, gradativamente, aconteceram tentativas de normatização dos pesos e medidas que deveriam valer para todo o reino. É verdade que a uniformização não foi alcançada apesar das regulamentações constantes durante os reinos de D. Afonso V, D. João II, D. Manuel e D. Sebastião. "No regimento do almotacé-mor estabeleceu-se que 'todas as medidas, e pesos, e varas, e côvados sejam tamanhas como as da [...] cidade de Lisboa, e não sejam maiores nem menores.'"[14] As Tabelas 11 e 12 que nos indicam certas equivalências das medidas adotadas no passado em relação as atuais. Contudo, é um tema que cabe um trabalho à parte como o Luís Seabra Lopes, intitulado Sistemas legais e medidas de peso e capacidade do Condado Portucalense ao século XVI.[15]

---

14 Ordenações Manuelinas, nota de apresentação de Mário Júlio de Almeida Costa, edição fac-símile da edição de 1797, Lisboa, liv. 1, tit. 15, p. 119 [na compilação de 1514, tit. 13]. Citado por: BRAGA, Isabel M. R. Mendes Drumond. "A circulação e a distribuição dos produtos". In: SERRÃO, Joel; MARQUES, A. H. de Oliveira (dir.). *Nova História de Portugal. Do Renascimento à crise dinástica*. Lisboa: Editorial Presença, 1999, p. 202.

15 Portugália, Nova Série, vol. XXIV, FL/Univ. Porto, 2003, p. 113-164.

Viver em Lisboa

Tabela 11
Pesos adotados por D. Manuel I

Nomes dos pesos				Índice em Arráteis	Equivalência em quilos
Quintal				128	58,725
Meio-quintal				64	29,376
Quarto-de-quintal	Arroba			32	14,688
	Meia-arroba			16	7,344
	Quarto de arroba			8	3,672
	Oitavo de arroba			4	1,836
	1/16 de arroba			2	0,918
	1/32 de arroba	Arrátel		1	0,459 kg
		Meio-arrátel		0,5	0,230
		Quarto de arrátel		0,25	0,115
		Oitavo de arrátel		0,125	0,057
		1/16 de arrátel	Onça(*)	0,03125	0,029
			Meia-onça	0,03125	0,014
			Quarta de onça	0,015625	0,007
			Oitava de onça	0,0078125	0,004
			1/16 de onça	0,000625	0,002

Fonte: BRAGA, Isabel M. R. Mendes Drumond. "A circulação e a distribuição dos produtos". In: SERRÃO, Joel; MARQUES, A. H. de Oliveira (dir.). *Nova História de Portugal. Do Renascimento à crise dinástica.* Lisboa: Editorial Presença, 1999, p. 207.

Tabela 12

Medidas adotadas por D. Manuel I

Nomes das medidas				
Para vinho	Índices	Para azeite	Índices	Equivalência em litros
Almude	1			16,65
Meio almude	0,5	Alqueire	1	8,475
		Meio-alqueire	0,5	4,238
Canada	0,083	Canada	0,166	1,413
Meia Canadá	0,042	Meia-cana	0,083	0,706
Quartilho	0,021	Quartilho	0,042	0,353
Meio quartilho	0,011	Meio-quartlho	0,021	0,177

Fonte: BRAGA, Isabel M. R. Mendes Drumond. "A circulação e a distribuição dos produtos". In: SERRÃO, Joel; MARQUES, A. H. de Oliveira (dir.). *Nova História de Portugal. Do Renascimento à crise dinástica*. Lisboa: Editorial Presença, 1999. p. 208.

Remate

Uma análise sobre o abastecimento de Lisboa, no tempo dos descobrimentos, remete à necessidade de relembrar os impactos promovidos por questões externas no cotidiano dos portugueses. Estes, aferrados às heranças solidamente construídas há séculos, passaram a ter que conviver, ao mesmo tempo, com transformações e continuidades históricas nitidamente contraditórias. Da mesma maneira que viram brotar esperanças líricas, forçosamente, tiveram de adaptar os espaços, reformular as instituições, vislumbrar o exótico, experimentar novos paladares, acolher populações em crescimento e, enfim, retornar à rotina do pão de cada dia.

Referências bibliográficas

DOCUMENTOS PUBLICADOS

BRANDÃO (de Buarcos), João. *Grandeza e abastança de Lisboa em 1552*. Livros Horizonte, 1990.

CASTILHO, Júlio de. *A Ribeira de Lisboa*: descripção histórica da margem do Tejo desde a Madre-de-Deus até Santos-o-Velho, 1893.

DI PINA, Rui. *Crônica Del Rei D. João II*. Porto, 1977.

FRANCEZ. "Description de Ville de Lisbonne". 1730. In: BRAGA, *Teófilo. O povo portuguêz nos seus costumes, crenças e tradições*. Livravria Ferreira, 1885.

GÓIS, Damião de. *Descrição da cidade de Lisboa*. Lisboa: Livros Horizonte, 2001.

OLIVEIRA, Cristóvão Rodrigues de. *Lisboa em 1551 – Sumário*. Lisboa: Livros Horizonte, 1987.

OLIVEIRA, Eduardo Freire de Oliveira. *Elementos para a História do município de Lisboa*. Lisboa: Typografia Universal, 1885. Tomo I.

SASSETTI, Filipo. *Lettere edite e inedite di Filippo Sassetti*. Firenze: F. Le Monnier, 1855.

VASCONCELLOS, Luiz Mendes. *Diálogos do Sítio de Lisboa*. Sua grandeza, povoação, e Commercio, &c. Reimpressos conforme a Edição de 1608. Novamente correctos, e emendados. Lisboa, Offic. Patr. de Francisco Luiz Ameno. 1786.

ZURARA, Gomes Eanes de. *Crônica da tomada de Ceuta*. Lisboa: Clássica, 1942.

BIBLIOGRAFIA

ALENCASTRO, Luiz Felipe. "A economia política dos descobrimentos". In: NOVAES, Adauto (org.). *A descoberta do homem e do mundo*. São Paulo: Companhia das Letras, 1998, p. 193-208.

ALGRANTI, Leila M. "Os livros de receitas e a transmissão da arte luso-brasileira de fazer doces". In: *O açúcar e o quotidiano – Actas do III Seminário Internacional sobre o Açúcar*. Funchal: Secretaria Regional de Turismo e Cultura, Centro de Estudos de História do Atlântico, 2004, p. 127-46.

_____. "Doces de ovos, doces de freiras: a doçaria dos conventos portugueses no Livros de Receitas da Irmã Maria Leocádia do Monte do Carmo (1729)". In: *Cadernos Pagu*, Campinas, n. 27, p. 397-408.

ARAÚJO, Renata de. *Lisboa*: a cidade e o espectáculo na época dos descobrimentos. Lisboa: Livro Horizonte, 1990 (Coleção Cidade de Lisboa).

ARRUDA, José Jobson. "Prismas da História de Portugal". Prefácio. In: *História de Portugal*. 2. ed.

Rev. E ampl., Bauru: Edusc; São Paulo: Unesp; Portugal: Instituto Camões, 2001

BARRETO, Luís Filipe. "O orientalismo conquista Portugal". In: NOVAES, Adauto (org.). *A descoberta do homem e do mundo*. São Paulo: Companhia das Letras, 1998, p. 273-291.

BELLINI, Ligia. "Notas sobre cultura, política e sociedade no mundo português do século XVI". *Tempo*. Rio de Janeiro: UFF, v. 4, n. 7, 1999.

BRAGA, Isabel M. R. Mendes Drumond. "A circulação e a distribuição dos produtos". In: SERRÃO, Joel; MARQUES, A. H. de Oliveira (dir.). *Nova História de Portugal. Do Renascimento à crise dinástica.* Lisboa: Editorial Presença, 1999, p. 216.

BRAUDEL, Fernand. "História e Ciências Sociais". *Revista de História*, São Paulo, v. 30, n. 62, p. 261-94, abr./jun., 1965.

_____. *A dinâmica do capitalismo*. Trad. Álvaro Cabral. Rio de Janeiro: Rocco, 1987.

_____. *Civilização material, economia e capitalismo, séculos XV-XVIII*. São Paulo: Martins Fontes, 1996. 3v.

CÂMARA MUNICIPAL DE LISBOA. Lisboa. Oito séculos de história. Câmara Municipal de Lisboa. Publicações Comemorativas do 8. Centenário da Tomada de Lisboa aos Moiros. 1947

CÂMARA MUNICIPAL DE LISBOA. Sector de Demografia Histórica e História Social do Gabinete de

Estudos Olisponenses. Disponível em: <http://geo.cm-lisboa.pt/index.php?id=4263.>. Acesso em: 16 jan. 2009.

CARITA, Helder. *Lisboa Manuelina e a formação de modelos urbanísticos da época moderna (1495-1521)*. Lisboa: Livros Horizonte, 1999.

_____. "Legislação e administração urbana no século XVI". In: ARAÚJO, Renata; CARITA, Hélder; ROSSA, Walter (coord.). *Actas do Colóquio Internacional Universo Urbanístico Português*. Lisboa: Comissão Nacional para as Comemorações dos Descobrimentos Portugueses, 2001.

CARVALHO, Joaquim Barradas de. *O Renascimento português*. Lisboa: Imprensa Nacional; Casa da Moeda, 1980.

CASTRO, Armando. *História econômica de Portugal*. Lisboa: Caminho, 1985, v. 3.

_____. *Teoria do sistema feudal e transição para o capitalismo em Portugal*. Lisboa: Caminho, 1987.

COELHO, António Borges. *Quadros para uma viagem a Portugal no século XVI*. Lisboa: Editorial Caminho, 1986.

_____. *Ruas e gentes na Lisboa quinhentista*. Lisboa: Caminho, 2007.

COUTO, Dejanirah. *História de Lisboa*. Lisboa: Difel, 2003.

DEYON, Pierre. *Mercantismo*. São Paulo: Perspectiva, 1973.

DIAS, João José Alves. "A população. As realidades demográficas". In: SERRÃO, Joel; MARQUES, A. H. de Oliveira (dir.). *Nova História de Portugal*. Portugal do Renascimento à crise dinástica. Lisboa: Editorial Presença, 1998

DIAS, Manuel Nunes. *O capitalismo monárquico português (1415-1549)*. Contribuição para o estudo das origens do capitalismo moderno. Coimbra, 1963, 2v.

DIAS, João José Alves. "A população. As realidades demográficas". In: SERRÃO, Joel; MARQUES, A. H. de OLIVEIRA (dir.) *Nova História de Portugal*. Do Renascimento à crise dinástica. Lisboa: Presença Editorial, 1999, v. 5.

DIAS, João José Alves; BRAGA, Isabel M. R. Mendes Drumond; BRAGA, Paulo Drumond. "A conjuntura". In: SERRÃO, Joel; MARQUES, A. H. de OLIVEIRA (dir.). *Nova História de Portugal*. Portugal do Renascimento à Crise Dinástica. Lisboa: Editorial Presença, 1999, v. 5

DOBB, Maurice. *A evolução do capitalismo*. Trad. Manuel do Rego Braga. São Paulo: Abril Cultural, 1983.

ELLIOTT, J. H. *O velho mundo e o novo, 1491-1650*. Tradução: Maria Lucília Filipe. Lisboa: Editorial Querco, Ltda., 1984.

FALCON, Francisco J. C. *Mercantilismo e transição*. 9. ed. São Paulo: Brasiliense, 1988 (Coleção Tudo é História).

FEBVRE, Lucien. "O homem do século xvi". *Revista de História*, São Paulo-USP, 11(5) jul./set. 1952, p. 3-17.

FERRÃO, José E. Mendes. *A aventura das plantas e os descobrimentos portugueses*. 2. ed. Lisboa: Instituto de Investigação Científica Tropical, s.d.

GARCEZ, Maria Helena Nery. "O olhar épico no Portugal do século xvi". *Revista da Cátedra Jaime Cortesão*, São Paulo, USP-FFLCH, v. 20, n. 21 e 22, ano 4, jan./jun., 1955.

GODINHO, Vitorino Magalhães. *História econômica e social da expansão portuguesa*. Lisboa: Terra-Editora, 1947.

_____. *Os descobrimentos e a economia mundial*. 2. ed. Lisboa: Presença, 1981-1982, 3v.

_____. "Inovação e permanências nos séculos xv e xvi entre mito e utopia". In: _____. *Mito e mercadoria, utopia e prática de navegar, séculos XIII-XVIII*. Lisboa: Difel, 1990.

_____. "Os nossos problemas: para a História de Portugal e Brasil". In: CHAVES, Maria Adelaide Godinho Arala. *Formas de pensamento em Portugal no século xv*. Esboço de análise a partir de representações de paisagens nas fontes literárias. Lisboa: Livros Horizonte, s.d., p. 7-28.

GUINOTE, Paulo. "Introdução: objetivos, fontes, estrutura". In: SILVA, Rodrigo Banha da; GUINOTE, Paulo. *O quotidiano na Lisboa dos Descobrimentos*. Roteiro arqueológico e documental dos espaços e objetos de Lisboa. Grupo de Trabalho do Ministério da Educação para as Comemorações dos Descobrimentos Portugueses. 1998.

_____. "Problemas de recrutamento para as armadas das Carreiras das Índias". Publicado em *Actas do VII Colóquio de História Militar – O Recrutamento Militar em Portugal*, Lisboa: Comissão Portuguesa de História Militar, 1996, p. 45-70. Disponível em: <http://nautarch.tamu.edu/shiplab/01guifrulopes/Pguinotemilit96.htm>. Acesso em: 16 jan. 2009.

HESPANHA, António Manuel. *História das instituições: épocas medieval e moderna*. Coimbra: Almedina, 1982.

_____. *As vésperas do Leviathan. Instituições e poder político em Portugal. Século XVII*. Lisboa: Universidade Nova de Lisboa, 1986.

KRUS, Luis. "O imaginário português e os medos do mar". In: NOVAES, Adauto (org.). *A descoberta do homem e do mundo*. São Paulo: Companhia das Letras, 1998, p. 95-105.

LE GOFF, Jacques. *Uma longa Idade Média*. Rio de Janeiro: Civilização Brasileira, 2008.

LE ROY LADURIE, Emmanuel. L´historie immobile. *Annales*, E.S.C., 29, 1974, p. 673-682.

_____. *História dos camponeses franceses*: da peste negra à revolução. Tradução de Marcos de Castro. Rio de Janeiro: Civilização Brasileira, 2007.

LOPES, Luís Seabra. Sistemas legais e medidas de peso e capacidade do Condado Portucalense ao século XVI. *Portugália*, Nova Série, v. 24, FL/ Universidade do Porto, 2003, p. 113-164.

MAGALHÃES, Joaquim Antero Romero. *Algarve econômico durante o século XVI – 1600-1773*. Lisboa: Cosmos, 1970.

MARIUTTI, Eduardo Barros. *Balanço do debate*: a transição do feudalismo ao capitalismo. São Paulo: Hucitec, 2004.

MARQUES, A. H. de Oliveira. *História de Portugal*. Lisboa: Presença, s.d.

MARTINS, José V. de Pina. Descobrimentos portugueses e renascimento europeu. In: NOVAES, Adauto (org.) *A descoberta do homem e do mundo*. São Paulo: Companhia das Letras, 1998. p. 179-192.

MATEUS, Susana Bastos; PINTO, Paulo Mendes. *Lisboa, o massacre de 1506*: reflexões em torno de um edifício de intolerância. Disponível em:<http://www.catedra-alberto-benveniste. org/fich/15/guiao_1506.doc> Acesso em: 15 nov 2008.

MAURO, Frédéric. *Portugal, o Brasil e o Atlântico, 1570-1670*. Lisboa: Editorial Estampa, 1989.

MAYER, Arno J. *A força da tradição*: permanência no Antigo Regime, 1848-1914. São Paulo: Companhia das Letras, 1987.

MOITA, Irisalva. "A Imagem e a vida da cidade". In: *Lisboa quinhentista*. A imagem e a vida da cidade. Lisboa: Direcção dos Serviço Culturais da Câmara Municipal de Lisboa, s/d.

NOVAIS, Fernando Antônio. "Condições da privacidade na Colônia". In: _____. (coord.). *História da vida privada no Brasil*. Cotidiano e vida privada na América portuguesa. São Paulo: Companhia das Letras, v. 1.

NOVINSKY, Anita. *Inquisição*. São Paulo: Brasiliense, 1985 (Coleção Tudo é História).

PEREIRA, Fernando António Baptista. "Atitudes e mentalidades. Algumas reflexões". In: MOITA, Irisalva. *Lisboa quinhentista*. A imagem e a vida da cidade. Lisboa: Direcção dos Serviços Culturais da Câmara Municipal de Lisboa, s/d., p. 23-29.

PEREIRA, Paulo; LEITE, Ana Cristina. "Espiritualidade e religiosidade na Lisboa de quinhentos". In: *Lisboa quinhentista. A imagem e a vida da cidade*. Lisboa: Direcção dos Serviços Culturais da Câmara Municipal de Lisboa, s.d., p. 31-41.

PINTO, João Rocha. "O vento, o ferro e a muralha". In: CHANDEIGNE, Michel; ARAÚJO, Carlos (dir.) *Lisboa e os descobrimentos. 1415-1580: a invenção* do mundo pelos portugueses. Lisboa: Terramar, 1990, p. 223-229.

RAMOS, Fábio Pestana. *No tempo das especiarias. O império da pimenta e do açúcar.* São Paulo: Contexto, 2004.

RAU, Virgínia. "A grande exploração agrária em Portugal a partir dos fins da Idade Média". *Revista de História.* São Paulo: FFLCH-USP, v. 30, n. 61, jan./mar., 1965, p. 65-74.

REIS, José Carlos. *Nouvelle histoire e tempo histórico. A contribuição de Febvre, Bloch e Braudel.* São Paulo: Ática, 1994.

_____. *Escola dos Annales. A inovação em História.* São Paulo: Paz e Terra, 2000.

RICUPERO, Rodrigo Monteferrante. *Honras e mercês: poder e patrimônio nos primódios do Brasil.* Tese (doutorado) – FFLCH-USP, São Paulo, 2005.

RODRIGUES, Teresa Ferreira. "As estruturas populacionais". In: MATTOSO, José (Dir.) MATTOSO, José (dir.). *História de Portugal.* Lisboa: Editorial Estampa, s.d., p. 197-211.

RODRIGUES, Teresa. *Crises e mortalidade em Lisboa. Séculos XVI e XVII.* Lisboa: Livros Horizonte, 1990.

SANTOS, João Marinho dos. "A expansão pela espada e pela cruz". In: NOVAES, Adauto (org.). *A descoberta do homem e do mundo.* São Paulo: Companhia das Letras, 1998, p. 145-162.

SARAMAGO, Alfredo. "Lisboa da expansão". In: *Para uma história da alimentação de Lisboa e seu termo*. Lisboa: Assírio & Alvim, 2004.

SERRÃO, Joaquim Veríssimo. *História de Portugal*: o século de ouro (1495-1580). Lisboa: Verbo, 1978.

SERRÃO, Joel (dir.). "Emigração". In: *Dicionário de História de Portugal*. Porto: Livraria Figueirinhas, s/d. v. 2, p. 364.

SILVA, Maria Beatriz Nizza da. *Ser nobre na colônia*. São Paulo: Unesp, 2005.

SOBRAL NETO, Margarida. "A persistência senhorial". In: MATTOSO, José (dir.). *História de Portugal*. Lisboa: Editorial Estampa, s.d., p. 165-75.

SOUZA, Laura de Mello e. "Os novos mundos e o velho mundo: confrontos e inter-relações". In: PRADO, Maria Lígia Coelho; VIDAL, Diana Gonçalves (orgs.). *À margem dos 500 anos*: reflexões irreverentes. São Paulo: Edusp, 2002 (Estante USP; Brasil 500 Anos; 7), p. 151-69.

SOUZA, Laura de Mello e. "Idade Média e Época Moderna: fronteiras e problemas". *Signun, Revista da Abrem, Associação Brasileira de Estudos Medievais*. n. 7, 2005, p. 223.

SWEEZEY, Paul Marlor *et al. A transição do feudalismo para o capitalismo*. 3. ed. Rio de Janeiro: Paz e Terra, 1983.

TAPADA, Filomena, *et al. A viagem das plantas*. Lisboa: Ministério da Educação, 1992.

TAVARES, Maria José Pimenta Ferro. *Os judeus em Portugal no século xv.* 1. ed. Lisboa: Instituto Nacional de Investigação Científica, 1982, v. 1.

TAVARES, María José Ferro. Linhas de força da história dos judeus em Portugal, das origens à actualidade. *Espacio, Tiempo y Forma*, Série III, t. 6, 1993, p. 447-474. Disponível em:<<http://e-spacio.uned.es/fez/eserv. php?pid=bibliuned:ETFC38B6FDA-BE62-58E1-58CD-64190406155C&dslD=PDF>> Acesso em 15 nov. 2008.

TINHORÃO, José Ramos. *Os negros em Portugal.* Uma presença silenciosa. Lisboa: Caminho, 1988. (Coleção Universitária; 31).

TORGA, Miguel. In: D'INTINO, Raffaela; RÚBIO, José. *Lisboa subterrânea.* Museu Nacional de Arqueologia. Lisboa: Instituto Camões, Expo 1998.

VILAR, Pierre. "A transição do feudalismo para o capitalismo". In: SANTIAGO, Theo (org.). *Do feudalismo ao capitalismo.* Uma discussão histórica. 9. ed. São Paulo: Contexto, 2003 (Coleção Textos e Documentos; 2), p. 37-48.

Esta obra foi impressa em Guarulhos pela Gráfica P3 no verão de 2015. No texto foi utilizada a fonte Adobe Jenson Pro em corpo 11 e entrelinha de 16,5 pontos.